Les enfants
de Monte Cassino

Marie-Hélène Ferrari

Les enfants de Monte Cassino

Marie-Hélène Ferrari

Marie-Hélène Ferrari a sorti plus d'une trentaine de romans, aussi bien dans le genre policier, où elle a installé dans le paysage le plus charismatique des commissaires, en la personne de Pierucci, que dans le roman intimiste.
Elle a participé à de nombreux livres comme poétesse ou illustratrice.
Éditée en Italie elle a séduit la critique transalpine qui fait un rapprochement évident entre Montalbano le héros de Andréa Camilleri et celui de MH Ferrari.

Les personnages et les situations de ce récit étant purement fictifs, toute ressemblance avec des personnes ou des situations existantes ne saurait être que fortuite.

I

Au château

Les six faunes, ici assis, souriaient…

De leurs gueules largement taillées, de leurs rides au burin éclatées, de leurs veines de bois vieux explosées, de toutes leurs faces d'arbre mort et ressuscité, les six faunes, ici assis, souriaient.

Le parc à l'abandon laissait courir, rousses et sèches, ses herbes folles là où elles avaient su encore résister au soleil. Les buissons dévoraient de mille langues les pentes dont la main de l'homme les avait, autrefois, honteusement chassés. Il y avait comme une vague menace dans cette végétation qui regagnait sûrement le terrain. Des statues avaient été disposées en vol d'oies sauvages et toutes regardaient en direction de l'entrée. Elles dardaient leurs yeux opaques en un faisceau convergent vers tout être qui se présentait là. À la pointe du « V » qu'elles formaient, se présentait la montée vers le château qui semblait ouvrir les bras à cette végétation, à ces sculptures, à l'acceptation de ce danger latent. À dire vrai, le château était plus exactement une grande bâtisse, à l'italienne, avec une tour carrée à créneaux et de hautes fenêtres en ogives. Les créneaux se détachaient sur le bleu du ciel comme une prière de pierres. Vue de loin, la demeure avait belle allure. Mais, dès qu'on s'approchait, on prenait la mesure de la misère suintant des murs en longs pleurs ruisselants. Les façades étaient nues, écorchées, sans le moindre crépi, avec des parpaings apparents comme des dents cariées que ne protégeraient plus la gangue des lèvres ; certaines fenêtres avaient perdu leurs volets ou même leurs carreaux ; des châssis pendaient comme des cils morts au-dessus de la noirceur d'orbites vides. Les mordillons décoratifs de la tour, noircis par l'eau et le vent, ressemblaient à des mèches collées au front décharné d'un cadavre. La porte gisait au sol où la vermine achevait de la mettre en copeaux, sciure molle et pourrissante se gonflant de pluie et de vent. Des boules d'épineux couraient dans le couloir au moindre souffle. Malgré une aveuglante lumière, il régnait dans l'espace comme une obscurité. L'obscurité, de toute façon, n'est-elle pas la part majeure de la lumière ?

Au centre du terrain, une structure en métal, dressée en cage, à laquelle on avait fixé des centaines de bandes audio, brillantes et noires, qui flottaient à la moindre expiration en chuchotant comme une foule d'âmes mortes. De temps en temps, l'un des filaments détachés s'envolait dans le ciel en un graffiti magique.

Et les six faunes, ici assis, souriaient…

Sur un banc.

Le vieux tenait son menton sur ses mains qui reposaient sur sa canne. Il fermait les yeux, laissant des odeurs l'imprégner : celles de la terre chaude, du vent trop lourd, celle du métal qui se distend au soleil et qui exhale sa rancœur de particules dilatées ; celle, aussi, des herbes dont les pointes se fanent ; celle, enfin, des épines qui se durcissent. L'odeur même de l'eau n'était pas bonne. Il y avait longtemps, très longtemps, les odeurs lui avaient parlé de la sorte ; c'était un très ancien souvenir mais il se rappelait bien que personne ne s'était vraiment remis de cet été-là, de cet été qui sentait la mort, exactement comme la senteur de ce soir-là.

1944

Ghjacumu avait été saisi par la nouvelle sur le seuil du bar que tenaient ses parents. Il faisait la pause entre deux passages de balai ou de serpillière ; son père était intraitable sur le balai. La vue du seau à l'eau sale l'écœurait. Cette odeur de vieille cendre et de bière, il aurait donné n'importe quoi pour la fuir. Le jeune homme n'était pas encore majeur — il s'en fallait de six mois — mais il reçut, comme les autres, son ordre de mobilisation : tous les Corses mâles, valides, de dix-huit à quarante-cinq ans, étaient réquisitionnés. « Ghjacu » était l'aîné de ses deux frères. Il fut le seul à être appelé sous les drapeaux. Bien que l'automne fût déjà largement entamé, il faisait chaud et beau ce jour-là. La lumière ocre qui baigna ses émotions resta dans sa mémoire comme un joyau dont il se rappela quand il se trouva plongé au plus noir de la guerre. Les hommes convoqués se rassemblèrent sur la place de l'église, à la fois fiers et penauds, sous le regard de leurs mères, de leurs femmes qui luttaient courageusement contre les larmes. Ils furent pris en charge jusqu'à Ajaccio où un bateau les mena en Algérie, puis ils prirent la direction de Mouzaïaville et d'El Afroun, dans la région de Blida. Là, ils firent leurs classes. Beaucoup d'entre eux ne savaient pas se servir d'une arme ; ils avaient beau être corses, ils n'en avaient pas eu l'occasion. En deux petits mois, on en fit des soldats. Le jeune habitant de Quenza avait pris la route avec son ami Marco, du même âge que lui et qu'il connaissait depuis les bancs de l'école. Ils s'étaient séparés ces trois dernières années car « Ghjacu » avait effectué son apprentissage à l'École normale de Bastia, en internat. En marchant dans le Djebel, il se disait qu'il y avait peu de chances qu'il devînt instituteur un jour. Le destin en avait manifestement décidé autrement ! Marco était comme lui, timide et fier, ne cherchant pas à se lier, effectuant ce qu'il avait à faire de son mieux mais replié sur lui-même. La cause de leur attitude réservée tenait peut-être à ce que tous deux, vraiment, n'avaient pas eu le temps de vivre avant que l'horreur ne les prenne. Un village perdu de montagne, ça ne prépare pas à cela ! Pourtant, le soleil d'Algérie, même s'il les frappait durement dans leur uniforme kaki, était encore une forme d'espoir. Il se murmurait à la caserne qu'ils allaient faire la « campagne d'Italie ». Et, si c'était vrai, ils auraient à tenter de détruire la « ligne Gustav » parce que personne d'autre avant eux n'y était parvenu. Alors, même au plus fort de ce chaud soleil, ils frissonnaient. Les blancs d'Algérie, ceux qu'on appelait les « pieds-noirs », s'étaient naturellement joints à eux puisqu'ils étaient embarqués dans la même galère. Ils avaient en commun d'être issus d'une culture commune et de n'être pas musulmans. Marco n'allait pas bien. Ce garçon, timide et introverti, capable de grandes violences, souffrait de son déracinement. Il suffisait, cependant, qu'il entendît le son de la voix de son ami pour que la Corse soit là, tout près de lui, et qu'il s'apaise.

« *Tuttu va bè, filiu !* » murmurait sa mère, au loin, en faisant sa prière. « *Tuttu va bè, filiu !* » *L'amore della Mamma* n'y suffit pas, ils embarquèrent pour Naples en décembre. Des cales montaient les braiments des mulets, de centaines de mulets qui allaient rejoindre ceux qui les attendaient déjà là-bas pour constituer le fameux « train muletier » dont le général Juin pensait qu'il était le seul à pouvoir passer par la montagne, là où les ennemis ne les attendaient pas, dans ce territoire que les Allemands avaient considéré comme « *impénétrable aux Armées* ». Les Marocains nommaient « *br'els* » les mulets... Par dérision, on appela ces convois « *La Royal Brele Force* ». Celle-ci allait se révéler capitale dans la suite des opérations. Ainsi, les flancs d'un même vaisseau emmenaient-ils à la mort des hommes que tout séparait et des animaux qui n'avaient rien demandé.

2007

L'homme tourna la page de son cahier après quelques mots à peine... C'était la quatrième fois.

Nul ! Rien à garder, les idées le fuyaient. La faute à la gueule... à la gueule de bois. Il n'arrivait pas à écrire quand il avait trop bu et il buvait de plus en plus souvent. Enfin, pour être exact, il buvait de plus en plus *et* de plus en plus souvent. Il voulait bien être un alcoolique mais un alcoolique lucide. Ce dernier est, avant tout, un comptable exact. Cela lui fit mal au cœur d'avoir dû souiller une page blanche bêtement. Il pensa, dans un incontrôlable vagabondage de l'esprit, que la vie était plus facile quand il était gosse. À cette époque, il ne culpabilisait nullement en barbouillant joyeusement de grands carnets pour le simple plaisir de tacher cette virginité de la page offerte. C'était comme imprimer des pas dans la neige fraîche, creuser des signes dans le sable mouillé remis à neuf par les vagues, appuyer une main pleine d'encre sur un mur tout juste peint. Oui, c'était comme de nager en filant vers le large, dans une mer parfaitement lisse, en laissant derrière soi un friselis tracé en s'élargissant. Douceur des plaisirs juvéniles, des charmes humains de la nouveauté ! Maintenant, il tassait les lettres en noircissant, au sens strict du terme, l'espace uni et poli ouvert devant lui. L'impression de salissure était persistante. Il se sentait coupable et satisfait de cette densité de mots... Quand il y arrivait encore... De moins en moins souvent ! Comme un impuissant qui se féliciterait de la turgescence d'un champignon qui l'aurait fait mourir de rire encore peu de temps auparavant.

La fenêtre entrouverte laissait entrer le chant des oiseaux qui profitaient du frisquet du petit jour pour échanger les derniers potins. Il se disait, lui, qu'il n'était pas un moineau et que, le petit jour ne lui convenant guère, il aurait mieux fait de rester couché. Le matin froid le voyait se cogner dans les murs, dans les meubles, hostile à la lumière, au mouvement, au bruit, douloureux de ses articulations à la pointe de ses cheveux, chiffonné, malodorant, encombré d'un corps qui lui obéissait mal. Il trimballait sa culpabilité comme un furoncle mal placé dont on n'arrive pas à se défaire, toujours présent, lancinant, gênant les mouvements. Cette culpabilité qui, la veille au soir encore, lui avait fait remonter deux réveils pour être sûr de se lever alors qu'il savait, et si parfaitement, qu'il flottait chaque matin dans le brouillard liquide, mouvant et douloureux de l'alcool. Il l'avait fait dans l'unique but de se punir. De se prouver aussi qu'il était à même de lutter contre sa dérive. Non seulement, il buvait mais, de plus, il s'en voulait. Il y a plus douloureux que d'être un alcoolique, il y a le fait de le savoir irrémédiablement et de se le reprocher. Qu'espérait-il tirer de son cerveau malade au petit jour avec la tête à l'envers ? Quoi, sinon l'amère conviction de sa stérilité, mille fois constatée ces derniers temps ? N'importe comment, Marine était *morte*, il ne changerait rien à cela, quel que soit le mal qu'il s'infligeât.

Il y avait eu une époque où il avait été un grand auteur, enfin... un auteur grandement célébré. Il avait même fini par croire en lui-même. Et puis, un jour, il n'eut plus rien à dire. Il ignorait si c'était arrivé brutalement mais le fait était qu'il s'en était, lui, rendu compte abruptement. Tout le monde est pareil : on commence par nier les évidences le plus longtemps possible et puis la vérité se met à vous hurler dessus à la manière d'une mégère avinée qui ne supporte plus qu'on ne la voie pas ; une mégère devant laquelle on peut se boucher les oreilles comme on veut, on finit toujours par prendre tout de même les cris et la casserole en pleine tête. Même si on refuse de voir l'oignon devant soi, on pleure quand même.

Depuis, il se torchait au vin blanc quand ses sentiments de nullité et d'angoisse le submergeaient trop. Enfin… C'était son alibi qui aurait pu, tout aussi bien, s'appeler solitude, lâcheté, renoncement, fuite ; l'important, pour un alibi, c'est, avant tout, qu'il existe ; sa validité réelle n'est qu'une deuxième problématique, elle arrive plus tard. Après le crime et uniquement si l'on cherche le coupable. Bien des meurtres restent impunis. Le vin blanc était en soi son crime et son mobile.

Un jour, il avait enfin été conscient que rien ne comblerait l'abîme qui s'ouvrait en lui. Il était clair qu'il se détestait, qu'il avait pour lui la plus complète horreur ; que rien ne viendrait contrarier cette certitude d'usurpation totale qu'il ressentait dans tous les instants de sa vie consciente… qui bloquait toutes ses pensées, tous ses mouvements. Il pensait que les fadaises qu'il avait écrites n'avaient connu le succès que parce qu'elles étaient entrées en conjonction avec l'air du temps, à un moment donné, et que cette donnée volatile s'était évaporée, portée vers l'œuvre d'un autre, de la façon hasardeuse qui lui avait valu la gloire. Il n'avait pas vraiment mérité le succès mais s'en était rendu dépendant... Ainsi qu'on fait son lit, on se couche ! Il remplissait son verre en retournant ces pensées... le vidait en les brassant. C'était l'histoire de sa vie, il n'était plus capable que de vider des bouteilles et de ne remplir que la fosse septique.

Il avait fui et s'était replié dans cette maison qu'une grand-mère incertaine, qui flottait dans ses souvenirs comme le goût du sucre dans le café amer, lui avait laissée en héritage, à lui qui ne connaissait la Corse qu'en vacances et, encore, quand il était petit. Sur un coup de tête, un matin plus pâteux que les autres, il avait décidé d'y faire retraite, de partir à la quête de son âme et de tenter de retrouver cette rage, cette hargne qui lui faisait labourer du stylo les pages de ses premiers romans. Quenza donc, dans l'Alta Rocca, sur les hauteurs de Bonifacio, de Porto-Vecchio, comme cela aurait pu être Beyrouth. Peu importe le lieu quand c'est avec soi-même que l'on a rendez-vous : il n'est jamais assez escarpé ni assez lointain.

Mais il n'y avait pas eu de miracle ; cela faisait deux semaines qu'il était là… Et rien n'allait.

La maison avait été inhabitée depuis si longtemps qu'il ne parvenait qu'à la rendre à peine moins invivable ; la végétation en avait tellement envahi le jardinet que les fenêtres en étaient obstruées. L'eau arrivait dans les conduites au gré des caprices d'une plomberie hasardeuse et en rotant d'une façon obscène ; l'équipement ménager était inexistant et il avait fallu qu'il s'achète un réfrigérateur, une gazinière et un nombre considérable d'objets de première nécessité. La literie devait être renouvelée et l'ensemble dégageait beaucoup trop de poussière, jointe à une violente odeur de champignon moisi, de crottes de rat, de vieille — très vieille — pisse de chat, de pierre qui se décompose, de plâtre pourrissant, d'humus qui attend, de temps. Partout, il voyait les traces de rassemblements grouillants de « choses », d'éléments douteux qu'il préférait ignorer. Le salpêtre régnait en maître, des croûtes molles tombaient des murs comme des animaux maléfiques… Il faisait froid et chaud, humide en même temps, et cela sentait, aussi, la cheminée froide.

Pour rendre ce lieu décent, il fallait un capital dont il ne disposerait qu'en vendant son appartement continental : il n'en était pas question. Quant à parier sur son prochain livre, il en ricanait d'avance. Bref, il additionnait les actions dérisoires à répéter sans cesse pour maintenir à peu près droit le fil d'une existence en permanence contrariée *dans* et *par* ce lieu vétuste. Finalement, cette maison était la métaphore de sa propre vie ; il s'accrocha à sa renaissance comme s'il s'agissait de rééducation personnelle.

Il s'agaça. Il avait encore tant de choses à faire et il était là à perdre son temps sur ce foutu cahier qu'il se contentait de maculer. Il décida d'aller faire un tour, peut-être de se payer un café à la terrasse de la rue principale... N'importe quoi pour échapper à l'humidité rampante qui suintait de partout ici et qui le renvoyait à sa propre médiocrité comme un miroir. Il jura en poussant la porte d'entrée qui était partiellement bloquée par une 4L à l'état d'épave et dont il ne connaissait pas le propriétaire. Bien sûr, alors que tout le monde en riait, personne ne lui fournissait la moindre indication pour obtenir son dégagement. Car les villageois n'étaient pas prompts à offrir leur confiance dans cette terre isolée. Il était l'étranger. Le *pinzutu*, *u pinzutu fora !*

L'Alta Rocca, qui surplombe les plaines de Bonifacio, de Porto-Vecchio et de Propriano, « *Terre des Seigneurs* » d'autrefois, est le véritable cœur du sud de l'île dont le bord de mer n'était quasiment pas peuplé à l'époque tant à cause du paludisme qu'on y contractait que des razzias effectuées par les Barbaresques. Haut lieu de la vie médiévale, la région avait, au travers des siècles, conservé son authenticité et sa pureté. Un peu plus haut que Santa Lucia ou que Carbini, Quenza se nichait dans la montagne au sein d'une végétation dense et aimable qui trouvait dans l'eau abondante de quoi s'épanouir. De loin en loin, au hasard des affectations de son père et de ses allers et retours du continent et de l'étranger, il y revenait en partageant avec d'autres gosses les jeux de leur âge. Et puis, sans l'avoir prémédité, il avait en quelque sorte fermé cette porte-là de son château intime, devenant un de ces Corses de la diaspora. Il ne se rappelait plus très bien pourquoi… Une histoire d'enfance… *A priori*, les choses auraient dû rester en l'état mais la vie en avait décidé autrement.

Lentement, il remontait le court pan de rue qui le séparait du café des Sports et il voyait, à sa gauche, l'agitation fébrile d'un groupe qui installait *des choses* sur la place de l'église. Il y porta un regard sans intérêt, lui qui exécrait les fêtes de village, en anticipant un bal et son cortège de musiques arrosées de bière et de débordements bruyants dans un mélange d'horreur et de désespoir. Sueur, maquillage qui coule, jupes trop courtes sur cuisses humides, rires gras, rires chatouillés, rots alcoolisés... Maudite humanité ! En détestant les autres, ce n'était rien d'autre que son dégoût de lui-même qu'il exprimait... Mais cela faisait vingt ans qu'il ne se nourrissait plus de la pensée de Nietzsche et il l'avait un peu oubliée. De toutes les façons, Nietzsche ne sert souvent qu'à justifier la perception surdimensionnée que l'on a de soi-même, celle d'un possible surhumain ; sa philosophie ne résiste pas au constat de notre médiocrité !

Il s'installa à une table désertée et déplia le journal qu'on y avait laissé. Celui-ci contenait son lot de propos vides et de célébrités locales en photos colorées. Il trouva sa lecture lassante. Rien ne retenait plus sa curiosité, tout lui donnait la nausée. Dans la rue, le va-et-vient tranquille du fleuve de la vie coulait à son débit habituel. Il vit passer un homme qu'il croisait souvent sans l'avoir toutefois jamais abordé ; un grand type sec, au visage ascétique, précédé d'un long nez osseux qu'il protégeait d'un chapeau blanc. Pas un Corse ! pensa-t-il. Un de ces retraités qui suivent, une partie de l'année, une épouse en mal de racines. En songeant à cela, il se disait que ces errants ne faisaient qu'ajouter ainsi à la douleur de l'exclusion et de la mise sur le banc de touche professionnel, celle d'une terre souvent difficile à comprendre pour eux. Il ne sourit pas, l'autre non plus, bien qu'il se sentît en empathie avec cette curieuse silhouette stricte, digne et haute, et qu'il ait eu nettement le sentiment d'entendre respirer la solitude du vieux, celle qui marchait à son pas en le tenant par les épaules. La retraite, pour beaucoup de couples, c'est l'épreuve du feu ! On retrouve un étranger vaguement familier qu'on a croisé à heures fixes à la sortie d'un bureau et qu'on supportait parce que, justement, on savait qu'on n'allait pas tarder à y retourner ; on n'avait pas à cohabiter trop longtemps. À présent, la journée s'étendait comme un morne trottoir se dirigeant on ne savait où et sur lequel il y avait difficilement de la place pour deux. De plus ici, un trottoir corse !

Il y avait du linge suspendu à une terrasse, trois portes plus loin, sur l'accotement d'en face : deux robes-tabliers bleues qui s'ébattaient au moindre souffle, au large liseré blanc autour des poches et du col. De nylon ou de coton, un peu trop pâlies par de nombreux lavages, leur large ampleur indiquait les généreuses proportions de leur propriétaire. À côté de ces robes, l'émotion d'une combinaison ivoire frisottée de dentelles précieuses, d'une netteté et d'une coquetterie touchantes, vibrait aussi au vent comme la dernière prière d'un corps encore vivant.

Il faisait chaud déjà en cette matinée débutante et il se disait, finalement, qu'il serait mieux là à cette table, pour écrire, que dans l'obscurité caverneuse de sa maison qui semblait le rejeter comme un greffon mal supporté, lentement, sûrement, lui empoisonnant le sang.

Je délire, c'est l'alternance du chaud et du froid et le vin du pays qui cogne. Cet endroit ne me réussit pas... Pas de quoi cependant renoncer au vin.

Juste en face de lui, à cette inévitable table de coin occupée, toujours, dans tous les bars du monde par un personnage analogue, se tenait un homme aux cheveux blancs, au sourire en plaie, avec un costume enfilé le matin pour cacher la noirceur de sa misère dont le parfum agressif s'étalait de ses larges fesses sur celles, encore plus larges, d'une crasse assumée ; il le fixait comme il le faisait, lui. Il se demanda s'il serait — s'il était déjà ! — un pareil homme ; il espéra que non mais il savait qu'il en courait le risque, qu'il était peut-être même déjà trop tard. L'autre n'était-il que son reflet dans le miroir ? Il baissa la tête pour n'avoir pas à se donner de réponse. Il sentait les coins de sa bouche animés d'une vie propre, s'inclinant vers le bas, en une sorte de moue désabusée contre laquelle il tenta fugitivement de lutter avant de renoncer. L'autre avait le même. Peu importe, de toute façon c'était ce qu'il ressentait ! Le temps s'égrenait, que pouvait-il faire d'autre ? Il était là depuis un moment déjà, ayant commencé avec sagesse à l'*Orezza*, cette eau pourtant délicieusement pétillante... Mais, le temps passant, il n'avait pas su résister. Il enchaînait donc au pastis. *C'est ce qu'il faut à l'été !* s'asséna-t-il pour se disculper. L'odeur de paille et d'entrailles sèches de la terre en puissance, épicée d'anis, voilà l'été ! Le soleil était monté au zénith et la chaleur étreignait à présent le monde entre ses bras puissants. N'auraient été les crampes qui lui tiraillaient l'estomac, rien n'aurait pu, à cet instant, lui donner envie de bouger. Il songeait qu'il se fossilisait, qu'il allait rester ainsi, minéral et immobile, jusqu'à ce que plus personne ne se rappelle qu'il avait, un jour, été vivant. Il n'avait jamais été — vraiment — vivant, il le pensait. Comme il pensait aussi que, de toute manière, on n'arrose pas les fossiles, il but son pastis.

Pas encore cet après-midi qu'il pourrait écrire !

De toute façon, il était clair qu'il n'avait plus rien à dire. Pourquoi s'obstiner ? Le sentiment de son néant l'accabla. Tout avait été dit, qu'avait-il à rajouter ? Il savait qui en était responsable mais que pouvait-il y faire à présent ?

Il décida d'aller manger quelque chose mais il se refusa, par mauvaise conscience, la table du restaurant d'en face ; il voulait se punir, il fonctionnait comme cela, imprégné de cette trilogie maléfique depuis sa petite enfance : faute, culpabilité, punition ; soulagement parfois et parfois non, ce qui n'empêchait rien. Donc, plus augustinien qu'Augustin et ses *Confessions*. D'un autre côté, il avait intérêt à surveiller ses finances ! Il rentra chez lui après avoir laissé sur la table son écot et repris la pente de bitume qui le faisait s'épancher en face de cette fichue voiture rouillée ; il fallait encore pousser la porte de l'épaule pour avoir le droit de rentrer. Le suintement de cave à l'haleine chargée le but avant qu'il ne songe à s'en aller.

Soudain, quand il fut là, dans la salle obscure, quelque chose le prit à la gorge, comme une main ferme qui le tint prisonnier et lui fit marteler le cœur. Il battit des bras comme un aveugle qui s'effondre et qui cherche, sans savoir où le trouver, un point d'appui qui se dérobe. Une émotion, une reconnaissance, un souvenir emprisonné dans le remugle, il ne savait ! Parce qu'il y avait l'épaisse solidité des murs séculaires, l'odeur du passé, des vies qui jaillissent et se transmettent avant de s'éteindre, il y avait des échos des chants de veillées autour de la cheminée sombre et noire et le parquet craquait de pas disparus depuis longtemps. Il y avait par la fenêtre, au-delà des ronces, les mêmes collines et les mêmes pierres que celles sur lesquelles on posait l'œil ici autrefois, il y avait dans l'antique cuisine comme les effluves de ce qui y avait mijoté.

Il y avait l'histoire et la spiritualité d'un monde qui s'exprime par mille signes et ce dépôt sacré, c'était entre ses mains à lui que sa grand-mère l'avait fait. Il mit son sentimentalisme sur le compte de l'alcool : on ne pense pas quand on est bourré, on dégouline… Ensuite, on se répand… Il tenta de rejeter cet assaut de sensibilité aggravée mais, désormais, il savait qu'il regarderait sa maison autrement. Le vaste foyer noir de suie de la cheminée qui gueulait son odeur affirmée, l'évier de grès, le robinet en angle droit qui hurlait sa joie de sentir l'eau monter, la table de bois à la solide épaisseur et à l'aspect de laine peignée, bancale d'un affaissement du sol et d'un carreau manquant : tout vivait, tout bruissait, tout parlait. Il plaça ses mains sur ses oreilles pour faire taire ce vacarme assourdissant mais c'est le tintamarre de son cœur qui fracassa ses tympans. L'alcoolique a le goût de l'ombre, des demi-vérités et la seule voix qu'il supporte est la sienne. Il tenta de réagir puis, après s'être taillé une bonne tranche de pain et de fromage, sortit dans le jardin.

Du sol montaient les orties en vigoureux buissons et des arbres tombait l'écheveau hostile des lianes de ronces en faisceaux serrés. Il allait commencer par là. Il fallait que la lumière revienne sur les murs enténébrés. Il mangea, attendit que le sang pulse moins bruyamment dans ses tempes, se défit de sa chemise noire et, en furetant, trouva une antique serpe qu'il aiguisa sur le dos d'un rocher, la frottant jusqu'à ce que la lumière d'argent liquide coule à nouveau sur le métal. Il s'attaqua aux assaillants des fenêtres.

Il se trouvait exactement en contrebas de l'église et percevait nettement le bruit sourd des martèlements de ceux qui s'agitaient là-haut, sur la place. Mais, il n'était préoccupé que des coups qu'il donnait, ces coups qui semblaient faire écho à ce besoin de tracer en lui-même les étapes de sa rédemption, de sa reconquête. Il s'était défait ce jour-là de son passé citadin et de sa rancœur. Il était peu homme des bois, encore moins homme de besogne manuelle ; il le devint, cependant, dans la vigueur et le plaisir des ahans donnés et de la végétation qui recule. Plaisir de sentir son propre corps vivre dans l'effort et la souffrance, de se laisser caresser par les rayons du soleil qui perçaient de plus en plus largement, plaisir du goût de la sueur qui coule du front vers la bouche. *Vivant !*

Plus loin, la cage à vent tremblait de toute la force de ses lamelles scintillantes affolées, arrachées par le souffle d'Éole qui semblait tenir compagnie à ses six frères immobiles. Le « Minotaure », aux cuisses puissantes, sentait vibrer ses cornes ; le « Sphinx », lui, tassait son corps trapu à l'assaut des éléments. Les volets battaient follement, on entendait le fracas d'une vitre explosée quelque part sur le côté du château ; l'herbe couchée semblait plus flétrie, plus sèche encore que d'habitude. À l'entrée, la porte de fer s'agitait dans ses gongs comme un prisonnier fou d'enfermement. Et les faunes prenaient vie, s'épiant l'un l'autre, se murmurant des secrets mortels ; le satyre allait bondir ; oui, les regards morts de bois fendu reprenaient vie.

Les temps qui arrivaient étaient des temps païens et obscurs. Quelqu'un s'agitait là-dedans, se dévouant à l'on ne savait quelles tâches inavouables. Le sablier renversé laissait tomber ses derniers grains de sable, la folie embrassait l'été.

Ansideo ne s'arrêta ni à cause du vent ni à cause de la fatigue. Il ne s'arrêta que quand les rayons du soleil pénétrèrent, enfin, par les fenêtres ouvertes avec la violence d'un tir de flèches. La vitre eut un clignement d'yeux éblouis, les murs furent honteux de leur blancheur marquée soudain de gris. À l'intérieur, les ombres se dispersèrent en poussant des plaintes de regret tandis que le granit se mettait à briller.

Ce n'était pas à la préparation d'un bal que se livraient ceux qui s'agitaient à l'ombre des ormes centenaires de la place de l'église ; ils préparaient une exposition de sculptures dont l'ensemble du village serait l'écrin. Chaque place, chaque halte servait de reposoir à une œuvre différente : le village se faisait musée et les faunes, au château, ricanaient.

Quand il décida — ce qu'il considérait avoir bien mérité — d'aller s'offrir, au *Sole e Monti*, l'omelette au brocciu qu'il convoitait — une merveille ! Divinement ferme à l'extérieur, fondante au centre, dorée et laiteuse, répandue dans la salade comme une odalisque sur les coussins d'un divan —, il fut saisi, sur le chemin, par la vision, sous un auvent gris d'une maison, de trois contours immobiles. Trois silhouettes de terre noire vernissée qui lançaient au ciel un éternel cri muet : l'une portait la main à l'oreille, l'autre les bras noués au dos, la troisième serrait dans sa poche un poing qu'on devinait fermé. Ce groupe sculpté de trois chanteurs lui sembla si vivant qu'il en fut remué. C'était le premier de ce type qu'il voyait et il en fut émerveillé tant les statues étaient vraies. Les ayant difficilement quittées après les avoir très longuement contemplées, il s'était retourné et avait scruté, sur l'une des trois figures placées de dos, ce pli de pantalon fatigué si caractéristique du tissu usé quand le cadre de l'entrejambe se laisse sombrer ; affaissé mollement, enrayé dans sa chute mais déjà défait. C'était impressionnant. Il prit cette rencontre comme un signe positif pour son travail ; il avait été ému, cela ne lui arrivait plus guère, comme s'il avait interposé entre lui et le monde une épaisseur qui le rendait sourd et muet. Cette terre était bonne à l'art et si d'autres l'avaient respirée, il s'en gaverait à son tour et l'inspiration reviendrait. Quelque chose de plus léger s'était immiscé en lui.

L'omelette fut à la hauteur de ses espérances. Il la mangea en terrasse ; des feuilles tombaient de la vigne vierge, il faisait un peu frais ; c'était ce genre de frisson qui vous fait aimer la tache jaune du soleil entre deux branches. En face, le jardinet avait les charmes un peu tristes du passé ; il aurait aimé y dîner, ce n'était pas possible, il fallait réserver !

Marine !

Son départ avait été le premier signe tangible que les portes de l'Enfer s'étaient refermées sur lui. Elle avait glissé, un jour, sans prévenir, comme l'eau entre les doigts, impossible à retenir.

Porte ouverte, porte refermée, il l'avait cherchée des yeux autour de lui dans l'empreinte des objets familiers, du vêtement qui traîne, de la cuillère léchée puis abandonnée, du livre encore ouvert à la page feuilletée. Il n'y avait plus rien. Comme un tableau qu'on efface et sur lequel la craie s'étire et se brouille. Les indices de la présence de Marine se confondaient avec le silence qui maintenant l'enveloppait. Il avait rêvé sa présence, elle se conjuguait au passé.

Après coup, il avait compris à quel point il était insupportable pour elle de n'être qu'une source où s'abreuvait son écriture vampire. Il pouvait l'écouter sans difficulté durant des heures, absorbant le moindre mot, le moindre geste, le moindre haussement de sourcils, n'en perdant rien et le restituant avec fidélité, faisant ventre de tout son être, prenant tout et le rendant public. *Tiens ma belle, on te reconnaît bien dans le dernier livre d'Ansideo, c'est bien toi.* La honte d'être ainsi, à son insu, dénudée… Il n'y pouvait rien, il se gorgeait de la vie. Elle était la vie, elle lui donnait source et lumière. Et puis, elle n'arrivait plus à supporter cette schizophrénie ; celle qui faisait de lui, dans les périodes domestiques, un être taciturne, absent. Un homme éternellement penché sur un autre univers quand il était en phase d'écriture et qu'elle voyait se muer en une bête de scène, charme et sourire exhibés à l'étalage, ainsi que le montraient les photographies des couvertures de ses dernières parutions, quand l'effort de la rédaction était fini. Éternelle jeune accouchée que l'on complimente sur la prouesse d'expulser la vie longtemps portée, comme s'il y avait d'autres choix; mais c'était elle, en attendant, qui tenait la barre de la barque de leur existence. Qui était-il? Un usurpateur qui ne la séduisait plus. Elle ne voyait plus en lui qu'un être sans existence réelle, une forme qui nourrissait sa plume à celle des autres... C'était bien lui: une imposture. Un vampire peut-être? Elle avait d'abord, comme tous, été sous le charme de cet homme qui en était si chargé, fastueux en public, brillant et dont le regard posé sur elle l'avait rendue intelligente, mais la magie s'était éteinte, il était double, elle l'avait appris; elle avait pensé que sa discrétion lui suffirait, il n'en avait rien été et elle l'avait désaimé lentement. Comme la peinture qui s'écaille, par couches successives, comme un arbre perd ses feuilles, une par une, et tout d'un coup par paquets. Il avait tout de même fallu quelques années avant qu'elle descendît pour la dernière fois, sans se retourner et le dos droit, les marches qui menaient à leur second étage…

Le bruit de la porte d'en bas. La cage d'escalier qui renvoie le choc, le vide derrière.

Un son de porte dans une piscine municipale vide quand on est le dernier visiteur.

Après… Il y avait eu le silence. Celui de l'appartement où ne résonnait nul écho de vie, le lit glacé, les draps mis en boule au long des insomnies, la poussière sur le couvercle du piano où elle ne s'asseyait plus et la théière désormais toujours froide. Le rideau de voilage blanc qui vire au gris, les pellicules sales du temps qui s'écoule et se déposent sur les épaules de la vie. Il avait tenté de la rejoindre à nouveau, de la reconquérir mais il avait dû laisser passer le moment où cela aurait été possible car il se trouva simplement effacé de la liste des choses à retenir qu'elle écrivait tous les matins. Les mots écrits à la craie s'effacent plus vite que les autres. De plus, il portait cette terrifiante capacité à juger comme une chose normale tous les aléas désagréables de la vie. Comme s'ils étaient son lot. Et il ne s'en insurgeait plus. Il aurait d'ailleurs, peut-être, même aimé se quitter lui-même si cela avait été possible. Il avait pour la fatalité un goût morbide, pensant simplement qu'elle lui était fidèle et la vénérant sans le savoir. Le vent battait entre les murs vides de son château. D'une certaine façon, il aimait cela.

Il avait adoré les seins de Marine. Elle était morte dans d'autres bras. Ou, peut-être, une simple variante des siens ; on est si peu dans ce monde, on surestime toujours sa place.

II

Décembre 1943

Ils débarquèrent dans l'indifférence générale et sous une pluie battante. Ce n'était pas qu'ils aient eu froid en débarquant. La température était basse, certes, mais ils étaient des hommes vigoureux, jeunes, en pleine santé. C'était leur âme qui s'était glacée. La guerre, ils étaient dedans depuis quatre ans déjà, ils la connaissaient, l'Occupation ! Bien sûr qu'ils avaient eu peur au départ pour l'Algérie, où ils allaient faire leurs classes. Mais, d'une certaine façon, ils se trouvaient encore en dehors de la vérité des choses. Là, à Naples, il en allait tout autrement. Les bombardements qui avaient détruit la ville avaient fait pourrir son principe de vie, rendu exsangues ses habitants.

Pas toute la ville cependant ! Le *Duomo*, par exemple, se dressait fièrement debout avec ses ogives et ses dentelles de pierre finement travaillées qui semblaient une insulte aux moignons des pavés alentour. Dans la vieille cité, en revanche, la réalité des maisons mortes et effondrées, des ruelles obscures où vivait une faune agressive et désolée les prit à la gorge. Des femmes tiraient leurs filles ou leurs fils par la main et les vendaient pour une plaque de chocolat, une boîte de singe, quelques pièces. La misère avait les yeux caves et les doigts crochus de la Mort. Partout, des regards d'épouvante pesaient sur le dos des hommes qui avançaient. « *Premiers, toujours premiers !* » : c'était la foutue devise du régiment et comme la campagne d'Italie avait pour but de fixer sur place un maximum de soldats allemands afin de réduire les forces de la Wehrmacht sur le front de l'Est, ils se doutaient bien de ce qu'ils allaient trouver !

On racontait que les débuts avaient été presque faciles pour les troupes alliées chez les « Ritals »... Et puis, utilisant les sommets des Apennins comme de véritables remparts, en truffant les vallées de mines, les Allemands avaient résisté. Ils étaient devenus indélogeables. Les Français n'avaient pas eu de rôle prévu dans la stratégie initiale des chefs de guerre; l'enlisement leur ouvrit la porte, ce que de Gaulle résumera en disant: « *On nous fait de la place, c'est donc difficile!* ».

Ils n'avaient pas eu le temps de traîner... Ils savaient que les Américains voulaient les coller en auxiliaires, en bouche-trous. Alors, ils avaient tracé, tracé, à pied, jusqu'à ce que les jambes leur rentrent dans le corps... Mais ne vous y trompez pas, ils faisaient la guerre mais ne copinaient pas. Beaucoup d'entre eux, les Corses, n'étaient jamais sortis de leurs villages, ne savaient rien de la vie, n'avaient rien connu; ce qui explique, peut-être, qu'ils n'aimaient pas, disait-on, les étrangers. Pourtant, ils ne se s'étaient jamais demandé, à ce moment, pourquoi ils étaient avec les Arabes incorporés au 6e R.T.M., le Régiment des Tirailleurs Marocains! On aurait pu leur expliquer que les soldats français étaient prisonniers dans les camps du Reich; la France était occupée alors qu'il appartenait aux colonies de fournir l'effort pour conduire à *la* Libération. Qu'étaient-ils donc d'autres que les habitants d'une colonie à ce détail près: c'est que leur histoire, à eux, n'avait pas été écrite. Eux, ils avaient juste gagné le droit de libérer la France, tous! Les ordres de réquisition avaient été distribués et ils avaient été embarqués.

Alors, ils suivaient les ordres, ils marchaient mais ne copinaient pas. Au côté de Marco Pietri, s'avançait Ghjacumu ainsi que deux pieds-noirs de Boufarik : Verzé et Selz. Ensemble, ils parlaient le français ou le corse ; les autres, les Marocains, ils restaient entre eux, cantinaient entre eux... On distribuait deux journaux aux troupes, un en français, un en arabe, même si c'était pour dire les mêmes nouvelles. Les Corses, s'ils avaient souvent entendu « *C'est nous les Africains* », ils ne l'avaient jamais chanté de bon cœur. Tout cela pour dire que les temps étaient rudes ; que de jeunesse, ils n'en avaient pas eu et qu'ils marchaient vers la mort sans se rendre compte de rien. Ils traversaient les vallées truffées de mines, labourées par les obus, vallée de l'Enfer, vallée de la Mort... Quelle que soit l'atrocité d'un mot, il a cette capacité d'apprivoisement ; par définition, on ne nomme pas l'*Innommable*. La neige avait remplacé la pluie, ils n'avaient pas même le temps de s'en apercevoir, ils avançaient.

Les mêlées sanglantes se succédaient, on ne voyait plus le ciel. La terre, hachée par les bombes et les obus, n'offrait que ses entrailles grises, ses amputations d'arbres morts, ses cadavres. Il y eut tellement de pertes dans le 6e R.T.M. que les rescapés furent regroupés avec le 2e avant de se lancer à l'assaut de la ligne Gustav. Le sol était rouge de sang et de corps torturés. Ils étaient dans la neige, claquaient de faim et de froid. La vérité, c'est qu'ils perdaient toute trace d'humanité et nombre de goumiers avaient, depuis longtemps, jeté fusils et mitraillettes pour ne garder que poignards et grenades, dont ils usaient avec une fureur incroyable. La neige les tuait presque autant que les balles et Marco avait perdu deux orteils. Mais ils prirent Pantano et la Mainarde en allant toujours vers la ligne Gustav parce qu'il fallait se rendre maîtres du Monte Cassino. Ils étaient passés de cent quatre-vingts hommes à quarante… Les pentes étaient si raides que l'on ramenait les blessés sur des cacolets ou à dos d'homme. La nuit, ils marchaient aussi pour rejoindre les premières lignes et les Marocains se mettaient à entonner leur mélopée, le Shâhada : « *Lâ ilâha illa-llâh, Muhammad rasûlu-llâhi* » parce qu'ils savaient que nombre d'entre eux allaient le saluer de près, Allah !

Marco, cette prière, il ne pouvait plus l'entendre. Il avait l'impression qu'elle leur attirait la poisse. Rendez-vous compte : en moyenne, ils perdaient quatre-vingts hommes par jour…

2007

La statue était pourtant d'une beauté stupéfiante, immaculée, frappée par le soleil qu'elle renvoyait com-me en se jouant, brutale dans les plis de sa robe dure et si voluptueuse dans la grâce hiératique de son buste, de son épaule fièrement rejetée. Ancrée au passé par ses voiles lourds; moderne et éternelle par le regard et le mépris hautain qu'elle montrait, elle surplombait la route de quelques mètres. Ansideo n'arrivait pas à comprendre comment il avait pu passer à côté d'elle sans la voir à l'aller. Mais il était si plongé en lui-même qu'il en était frappé de cécité et sourd au monde. Alors, subjugué, il resta planté là, en contrebas, en plein milieu de la route, presque plus figé qu'elle, jaloux de tous ceux qui allaient la voir aussi; elle n'était qu'à lui, pour lui. Elle avait été érigée sur la pointe d'un muret de pierres sèches qui faisait angle avec une venelle s'élargissant sous l'abri protecteur d'un orme élancé vers le ciel. Figure de proue et barque volante, voile déployée, elle était tout: tout simplement, elle existait, elle vivait.

Il en était fasciné.

Il resta là longtemps, incapable de la laisser à la merci de la grossièreté des oiseaux et de la violence du vent. Il avait l'impression qu'elle le regardait. Pour lui seul, cette main en éventail posée sur la jupe, pour lui, ce sourire naissant… Il ressentait une sorte de vertige. Une voiture klaxonna bruyamment, l'obligeant à regagner le trottoir. Il abandonna la sculpture avec regret, tournant le cou à plusieurs reprises, négligeant d'aller sur la place de l'église, tout entier à son adoration. L'objet engendrait en lui d'irrationnels désirs de possession, des ondes de jalousie ; ainsi agit la beauté.

La pente le versa à sa porte… Maudite 4L… Il fallait qu'il s'en occupe… L'air sentait la menthe écrasée et brûlée. Il se rendit compte que tous les pieds de mur en étaient tapissés, y compris chez lui. Il espéra n'en avoir pas arraché et se dit que, s'il l'avait fait, il l'aurait senti. C'était un cadeau, que cette odeur de menthe, pensa-t-il, un apaisement à ses sens surchauffés. On est heureux de petites offrandes, il faut savoir les reconnaître.

D'un saut à Porto-Vecchio, il ramena divers outils, quelques chaises, des couvertures et de menus objets qui partirent conquérir la maison dans la gloire de leur sommaire confort. De fait, la bâtisse s'amollissait lentement, fumant et crachant moins, s'attiédissant comme une femme qui s'ouvre à la main patiente qui prend le temps de la caresser. Quand il ouvrait les yeux, le matin, il se sentait plein des forces de ces murs et du calme serein de cette lumière verte qui pénétrait par les fenêtres dont il négligeait de fermer les volets.

Le jardinet avait été discipliné ; il y avait installé une table de bois que le temps avait cardée et deux chaises — pour qui était la seconde ? Il l'ignorait. Il lui avait semblé qu'il fallait en mettre deux, lui-même ne s'y était pas encore assis.

À présent, il s'était habitué à son café à l'ancienne, dans la cafetière émaillée, un peu écaillée, bosselée, servi dans un large bol de faïence beige à fleurs pourpres qu'il avait appris à tenir avec le pouce et, tandis qu'il s'y plongeait, la valeur des gestes qui durent lui serra le cœur. Il avait pendu lonzos et coppas, jambons et autres charcuteries à une poutre cloutée à cet effet puis, comme il l'avait vu dans un restaurant, il installa en dessous un large morceau d'écorce de liège qui s'en irait recueillir les larmes de graisse que les saucisses laissaient couler. Les deux fromages dans le garde-manger grillagé dégageaient une odeur âcre de bergerie. Il aurait reculé il y avait un mois encore à pareil fumet ; là, il commença à se trouver bien.

Tous les jours, il allait saluer la femme blanche, il l'avait appelée la « *Sorcière* ». Il en était un peu amoureux.

Il n'avait pas écrit depuis plus d'une semaine, mais il avait cessé de souffrir de sa stérilité, il ne se soumettait plus à l'épreuve de la page vide, ne s'imposait plus le spectacle de sa propre incurie. Il se donnait quelque temps pour réfléchir, se disant que si les revenus de sa plume ne lui permettaient plus de vivre en ville dans le coûteux appartement qu'il occupait, il en allait tout autrement ici et que l'avenir se présentait, peut-être, sous un jour moins sombre qu'il ne le pensait initialement. Il oscillait entre des alternances de timide bien-être et de molle passivité. Il faudrait qu'ils en parlent, il ne pouvait prendre la décision tout seul ! Il remettait au lendemain le coup de fil décisif.

Il avait ce matin-là bu son café au « Sports », par besoin de voir le monde bouger autour de lui, gavé de sa propre présence à l'aversion.

La serveuse qui le lui servit bourdonnait de nouvelles.

Pour la troisième fois, dans le jardin du château, les dieux avaient été vandalisés.

— Quel château, quels dieux ? osa-t-il demander.

Elle fit les yeux ronds.

— Comment, quel château ? Mais vous ne voyez rien autour de vous, *veru !* À l'entrée du village en venant de Porto-Vecchio, sur la gauche, se trouve un château, avec un jardin qui s'ouvre sur la route où ceux de l'association ont disposé des statues de bois qui représentent les dieux de l'Antiquité. Eh bien, il y a quelqu'un qui les tracasse, les dieux : c'est le troisième qu'on endommage en quelques jours. Ce matin, c'est le « Minotaure » qui a été décapité et sa tête est toute brisée.

— C'est peut-être le vent, ce n'est pas obligatoirement du vandalisme, risqua Ansideo avec un soupçon de timidité ; la femme avait l'air de savoir ce qu'elle disait. C'était une brune au teint mat, un peu maigre, vêtue d'un tee-shirt et d'un caleçon noir et portant de gros bijoux dorés. Le genre très affirmé. À Marseille, on l'aurait appelée *cagole* ; ici, on disait comment ? « *Tu te tais quand elle parle, c'est mieux !* ».

— Vous, vous êtes le nouveau de la maison de la pauvre Maria, l'héritier qu'on ne connaissait pas ! affirma la barmaid.

— Heu… Oui, c'est cela !

— Tout le village s'est demandé pourquoi c'était à vous qu'elle l'avait laissée, la bâtisse, alors que tous les autres la flattaient pour l'avoir. Vous êtes qui exactement pour elle ?

Il choisit d'ignorer délibérément la question, en posa une autre :

— Pourquoi la voulaient-ils autant la baraque ?

L'autre renifla, méprisante. Elle n'appréciait pas qu'on ne lui répondît pas.

— *Mi!* Vous ne le savez pas qu'on ne les vend jamais les maisons de famille, à la montagne ; jamais, alors quand on veut y revenir, la seule solution c'est de faire construire, mais ce n'est pas la même chose ! En plus, la vôtre, elle est du XVIIe siècle, alors imaginez un peu si elle pouvait parler !

Il songea qu'il avait coupé ses racines depuis si longtemps qu'il avait perdu la valeur des choses et le sens des coutumes : afficher son statut d'étranger dans un pareil village ressemblait beaucoup à de la provocation !

L'histoire des statues de bois l'intéressait plus que son histoire propre, il y revint.

— Alors, qu'est-ce qui vous fait dire qu'on leur a fait volontairement du mal à ces dieux ?

— Vous n'avez qu'à aller les voir et vous comprendrez ! persifla-t-elle, car elle était déjà passée à autre chose et le fait de voir celui-ci si vide de *puttaghji*, de ragots, signifiait que ce n'était pas avec lui qu'elle allait agrémenter sa matinée ; ça ne lui donnait pas envie de poursuivre une conversation dont elle ne tirerait aucun bénéfice.

Le Paul entra, elle alla vers lui. On n'était jamais déçu avec Paul ! Les histoires du Paulo, on se les arrachait.

Ayant décidé d'aller se faire une idée par lui-même, Ansideo prit la nationale, passa devant les chanteurs, la « *Sorcière* », le *Sole e Monti* et n'eut pas une distance exagérée à parcourir, le long des jardinets, de belles maisons en granit, pour arriver au château. Il se rendit compte que sa mémoire était un container dont les couches les plus profondes se transformaient en compost, une sorte de boue nauséabonde non identifiable, mais que le château s'y trouvait bel et bien.

Comment avait-il pu l'oublier ? Pourquoi ce surgissement constant des gens et des choses hors de sa mémoire comme s'il avait fallu, au préalable, qu'ils dégagent la terre recouvrant dans leur propre fosse le bois noir de leurs cercueils avant de jaillir au grand jour ? Ce château avait été son terrain de jeux avec ses amis quand il revenait ici, enfant, car il se prêtait à tous les imaginaires. On pouvait tout aussi bien y rêver de La *Belle au bois dormant*, dans ce parc à l'abandon, qu'à *Dracula*, tant le temps avait rendu à la bâtisse sa massive hostilité lourde de ses yeux clos, son allure de *massospondylus*. Il se rappelait vaguement que cette demeure était née d'un grand amour d'un homme, mais que l'histoire n'avait pas très bien fini. Il n'en savait pas plus. Comme si tout son être tendait à effacer de sa mémoire toute résurgence liée à ce parc, à cette bâtisse. Il y avait une douleur sourde qui exsudait de ses souvenirs.

La façade faisait front, comme une bête traquée et hargneuse.

Le parc n'avait plus été entretenu depuis longtemps et c'est au milieu du souvenir de ses allées de sable, mangées par les buissons, que les dieux avaient pris place.

Six statues taillées dans le bois mort dont la couleur se dégradait du noir à l'orangé et dont les corps massifs avaient fait leurs les fibres explosées et les nœuds exorbités de leur matériau d'origine. Ils dégageaient une impression de force rentrée, d'énergie tendue, de patience féroce, une impression qui faisait avec eux déferler toutes les craintes antiques de la mythologie. Ansideo se sentit homme et fragile et il n'aurait pas trouvé déplacé de déposer des offrandes au pied de ce païen panthéon.

Le premier qu'il approcha était le « Sagittaire », ce centaure armé d'un arc, aux cuisses de cheval et aux bras musculeux; son visage n'était que force brute. Le dieu Pan n'adoucissait pas la vision qu'il offrait de lui par le port de ses attributs, corne et flûte, au contraire; les petits instruments semblaient objets magiques aux pouvoirs maléfiques dans de pareilles mains. En contrebas de l'escalier montant à la maison, deux « Minotaures », l'un habillé et l'autre nu, dardaient sur le visiteur leurs mufles puissants et bestiaux. Celui qui était vêtu prenait plus de présence encore de ses oripeaux: ceux-ci n'arrivaient pas à apprivoiser son aspect animal. Mais il avait été décapité et c'est du sol qu'il contemplait le monde au milieu des éclats de ses cornes fracassées. Le spectacle était désolant. Fait exprès ou hasard? En suivant le chemin, de la droite vers la gauche, les sculptures allaient en cruauté ascendante. Le « Sphinx », trapu, ramassé sur lui-même, poitrine agressivement projetée devant lui, forme de bête hermétique et sourde, glaçait le regard. Le plus terrifiant restait néanmoins le « Griffon », dernière création sur la droite, et pour qui l'artiste avait choisi l'aspect du terrifiant *opinicus* moyenâgeux dont la tête était à la fois quasiment reptilienne et humaine.

Il était absolument incontestable que leur concepteur était un artiste de génie dont le souffle rauque s'entendait dans la respiration de ces êtres qui avaient pris vie, ici. Car ils avaient trouvé là leur terre d'élection, leur domicile, le lieu de leur renaissance. À peine à quelques mètres de la route, Ansideo ressentit une telle solitude, une telle peine, une telle crainte, qu'il put, sans l'approuver, comprendre le geste iconoclaste de celui qui avait voulu punir le « Minotaure » de son arrogance, comme l'on exorcise une angoisse. L'ambiance en ce lieu était étouffante et le soleil noir n'y était pour rien. Il constata que des bâtons avaient été rajoutés à chacune des pièces sculptées, entre les mains, entre les cuisses, comme pour désacraliser les dieux en les rendant un peu ridicules.

Mais rien n'y faisait, la tentative était vaine.

Il battit en retraite en se demandant pourquoi il était tant à fleur de peau depuis quelques jours, tant perméable aux émotions et aux frayeurs ;

ce n'était, après tout, que des morceaux de bois mort, rien de plus, il se le répéta comme un mantra tout en sachant qu'il se mentait et qu'il s'agissait d'objets magiques. L'évidence était que ces totems avaient en eux une densité tellurique antique et qu'ils allaient déclencher ici leur apocalypse. Un froissement attira son attention. Une structure métallique ronde en forme de cage achevait de laisser le vent arracher ses ultimes fils argentés, des bandes audio en vinyle, tandis que, juste en face de la porte, une boule peinturlurée saluait le visiteur. Il passa sans s'approcher, obsédé par les dieux qui le suivaient de l'œil, poignardant son dos de leurs six féroces regards. Un volet battait à la façade triste du château déserté.

La serveuse du *Sole e Monti*, qui n'avait rien manqué de son premier passage, l'interpella d'un :

— Impressionnant, non ? On est presque mal à l'aise… N'empêche, ce sont des cons, ceux qui ont fait ça !

Il acquiesça d'un signe de tête, peu enclin à la conversation, tout entier réfugié en lui-même, les épaules brûlantes, impavide dans un monde de terreur et d'émerveillement. La fille haussa les épaules et rentra dans la salle. La Maria, elle ne devait plus avoir toute sa tête quand elle le lui avait fait l'héritage à ce *scemu*, ce fou. En plus, qui c'était seulement, celui-là ? Même pas un Corse à en juger par sa tête !

Lui, peu soucieux de l'effet qu'il produisait, en passant devant la « *Sorcière* » blanche, se surprit à la contempler autrement. Ce regard méprisant, ce jet d'épaule hautain, cet ordre muet : « À plat ventre, humaine populace ! », ce don d'amour qu'elle semblait exiger... Elle était des leurs, du clan des dieux païens, elle aussi avide de chair humaine et de sacrifices sanglants.

Vénus-Aphrodite, bien sûr, qui d'autre pouvait-elle être ?

Il fit sien, brutalement, le soulagement qu'avaient dû éprouver les premiers chrétiens à l'arrivée de leur Dieu à visage humain et souffrant, de ce Fils de Dieu qui pouvait pardonner. Les desseins du monde avaient dû enfin s'adoucir ; c'est qu'il était cruel, décidément, l'univers des anciens maîtres. Entièrement immergé dans ses pensées, il buta de plein front contre un marcheur qui arrivait en face, dans l'autre sens, et qui ne semblait pas moins concentré que lui.

Tête contre tête, résonance d'un bruit mat, plongée dans un monde dont les structures deviennent floues, douleur. Quand il releva les yeux, il vit que le choc avait été aussi fort pour l'autre qui cherchait, vainement, un point d'appui trop éloigné et qui vacillait.

C'était une femme.

Assis devant deux verres d'*Orezza*, au premier bar qu'ils rencontrèrent, ils regardaient en riant la superbe bosse qui naissait malgré les glaçons qu'ils appliquaient sur leurs visages fondant en coulées brillantes le long de la ligne du front et qui finissaient par goutter au nez, comme une allergie soudaine. Ansideo était pourtant moins étourdi par le choc que par la certitude absolue qu'il connaissait cette femme depuis toujours, mais il avait beau mettre à sac les tiroirs récalcitrants de sa mémoire, rien ne consentait à en émerger.

Une compagne de jeux d'enfance, une lointaine cousine, *une petite parente* comme il se rappela qu'on disait ici ? Ou bien alors l'une de ces silhouettes incandescentes à qui il dédicaçait des phrases d'amour éternel en séance de signature avant de les voir disparaître dans la foule des visiteurs, gardant pour lui, sur les paupières et à jamais, leur empreinte magique ?

Aucune réponse... Rien d'autre que cette certitude !

— Vous êtes du village ? demanda-t-elle sans volonté d'impolitesse, c'est la première fois que je vous vois.

— Je suis arrivé depuis peu, s'excusa-t-il, je suis un peu sauvage, mais je suis ici chez moi, et, en lui-même, il s'étonna de cette affirmation qu'il était encore bien loin de ressentir. Voyez-vous, j'habite la maison à la 4L ! *La maison à la 4L !* Pouvait-on faire plus stupide comme adresse ? Décidément, le choc lui avait fait perdre le sens commun.

Elle s'esclaffa :

— La vieille maison de Maria ! Alors, vous devez être son héritier ?

— Vrai, tout le monde me connaît et, moi, je ne connais personne... Son ton était agacé et il ne retrouvait toujours pas d'où lui était né ce sentiment de déjà vu.

Elle ne s'était aperçue de rien et continuait :

— Attendez, attendez, vous avez un prénom impossible, je me souviens qu'on avait ri quand elle nous l'avait confié, je me rappelle... Nicomède ? Non, pas cela ! Eusèbe... Un truc dans ce goût-là… J'y suis, vous êtes Ansideo ? Ansideo ! C'est bien cela ?

Il grogna ce qui pouvait vaguement être pris comme un accord. Son prénom était sa croix, son boulet, son rocher de Sisyphe et il était rare qu'il ne se passât de jour sans qu'il ait à en répondre. Qu'on insiste en plus…

— Elle nous avait dit que, dans sa famille, votre père était féru d'histoire au point de n'avoir choisi que des noms à signification et à symbole… C'est rigolo et inhabituel !

— Cela ne me fait pas trop rire, bougonna-t-il et, ce faisant, il s'interrogeait toujours.

Le silence était tombé parce qu'il continuait à chercher, obsédé par cette idée qui lui échappait et dans laquelle il voyait le début des absences de la vieillesse, le premier message de la dégringolade, la première capitulation.

Il fit un effort de politesse et réamorça la conversation.

— Vous connaissiez bien ma grand-mère ?

— Oui, plutôt ! Elle avait de l'arthrite et le docteur lui avait conseillé de trouver une activité douce pour assouplir ses doigts. C'est comme cela qu'elle est venue avec nous à l'atelier.

— L'atelier ?

— L'atelier de sculpture « *Fiore di Petra* ». Elle y faisait de petites pièces en terre modelée, assez étranges. Vous pourrez passer les voir à l'occasion, elles y sont toujours. Nous ne savions pas à qui les donner ! En fait, elle passait le plus clair de son temps avec nous. Elle avait trouvé une sorte de famille et elle gardait souvent le local quand il n'y avait personne, assurant une sorte de permanence, si on veut. Elle nous a beaucoup manqué quand elle est morte.

Il fut pris d'un accès de mauvaise conscience. Il imagina cette vieille dame qui était allée trouver chez ces étrangers un peu de tendresse et d'attention, ce que sa propre famille n'avait pas su lui offrir, et qui, ensuite, avait donné sa maison à celui de tous qui s'en occupait le moins. Il avait honte. Il ne voulait pas creuser en lui mais il savait que, derrière cette personne, il y avait un abîme qui ne devait pas s'ouvrir ; ses souvenirs s'entrechoquaient, des souvenirs terrifiants, il valait mieux les laisser tels qu'ils étaient, endormis ! Et puis, il comprit soudain le sentiment de familiarité qu'il avait avec la jeune femme.

Une fulgurance :

— La « *Sorcière* », c'est vous !

— Pardon ?

— La statue blanche, là-bas, il pointa la direction du doigt, c'est vous le modèle, c'est vous qu'on a représentée, c'est pour cela que j'ai tellement l'impression de vous connaître !

Elle rit, assez fort, d'un rire franc et presque masculin.

— En fait, j'en suis à moitié l'auteur. Nous l'avons faite avec ma sœur... Et il est fort possible que nous lui ayons donné un air de famille, bien plus que nous ne le pensions.

— Elle est d'une beauté qui ne peut s'exprimer, avança-t-il, j'en suis... hum ! J'en suis amoureux.

S'il n'avait pas fait le rapprochement instantanément, c'est parce que la statue n'était que maîtrise, arrogance et domination alors que la jeune femme paraissait plus douce et plus fragile. Elle semblait plus jeune aussi. On imaginait mal cette frêle enfant capable de l'effort qu'il fallait pour mener à terme un semblable projet. De toute façon, la ressemblance était indéniable.

Elle avait constaté la véracité de son émotion et en était touchée.

— Avez-vous vu le reste de l'expo ? Je crois que tout est en place à présent, il y a des pièces extraordinaires !

— Je n'en ai pas encore eu envie, j'ai voulu rester pour l'instant sur ce coup de cœur. Ah ! Et tout à l'heure, j'ai été voir les dieux au château. C'est une œuvre impressionnante !

— Absolument ! Elle frissonna. Je trouve qu'ils vont un tout petit peu trop bien dans le parc, ces billots ! On les verrait presque bondir, mais ce doit être ma sensibilité exacerbée qui me fait parler ! Je ne sais pas pourquoi, mais j'ai l'impression que leur troupe est capable de déclencher des drames, des événements extraordinaires, ils sont si... je suis folle, non ?

— Non, j'ai eu le même sentiment ! D'ailleurs, c'est la première fois que je me rends compte qu'il y a deux aspects dans une sculpture.

— Qu'est-ce que vous voulez dire ? L'eau coulait de ses doigts comme une rivière de diamants, la glace était fondue...

— Il y a l'œuvre en elle-même dans sa finitude, avec ses détails réussis ou non, la façon dont elle est campée et ce qu'elle exprime, et puis il y a l'interaction entre l'œuvre et le lieu où elle est mise en scène, le rapport, la tension qu'elle entretient entre le décor et ce qu'elle y exprime, là encore. Tout d'un coup, on se prend à regarder le monde autrement.

— Vous avez raison, la salle d'expo ne permet qu'une vision simple ; c'est bien plus restrictif.

— La vôtre, la « *Sorcière* », placée là, c'est comme une figure de proue, un vaisseau qui fend l'espace. Peut-être que, sous les châtaigniers, elle aurait eu l'air moins fière et presque douce sur la place de l'église, je ne sais pas... Mais le fait est que ces six statues, là-bas, sont presque terrifiantes. Elles sont, avec ce parc abandonné, dans une adéquation parfaite. On dirait que ces présences sont en train de réveiller des vies souterraines, des pensées enterrées, de vieilles histoires... Ce sont des offrandes dédiées à la cruauté... Toute la nature s'organise autour d'elles comme s'il allait se passer quelque chose...

— Je vous déposerai un plan du village en vous cochant les lieux d'expo si vous voulez, comme cela, vous n'en manquerez aucune... Elle n'aimait pas le tour que prenait la conversation... Il accepta ; elle poursuivit :

— Cela vaut le coup, je vous assure ! Il est rare que des œuvres d'une telle qualité soient rassemblées.

— Vous avez moins mal ? l'interrogea-t-il en montrant le front et le reste de glace qui flottait dans le seau qu'on leur avait prêté.

— Oui, merci.

— Voyez-vous, je comprends presque... Attention ! Sans le cautionner ni l'approuver ! Mais je peux presque comprendre ceux qui ont jeté la tête du « Minotaure » à terre. Le vandalisme est souvent une preuve d'inquiétude ! On conjure, en le rabaissant, ce qui inquiète ! C'est l'axe de la critique par le rire, celui de l'ancienne comédie antique... On le rend plus acceptable !

— Bah, je ne sais pas. Des cons, tout simplement, quel que soit leur âge. J'espère tout au moins que la *Sposata* ne subira pas le même sort.

Devant son regard d'incompréhension, elle ajouta :

— La « *Sorcière* », c'est comme cela que les villageois l'ont appelée, la « *Sposata* ! »

Ansideo anticipa la souffrance qu'il ressentirait à la profanation de la statue, il préféra en chasser l'image. Cela le fit bouger, il se leva, tendit la main. La jeune femme fit de même.

— Vous n'êtes pas le seul à porter un nom étrange, je m'appelle Seraphina, cela veut dire ange !

Il la crut sur parole.

— Venez à l'occasion, je vous montrerai les curiosités de Maria, vous serez surpris !

III

1944

Pour se changer les idées, Ghjacumu se faisait apprendre quelques mots d'arabe. Marco n'aimait pas ça. Il avait pour son camarade une amitié jalouse qui tenait à la fois du sentiment fraternel et du sentiment amoureux. Il ne comprenait pas que l'autre puisse s'intéresser à ces « bicots ». Il le couvait de l'œil, d'un sourcil froncé et ombrageux. Puis, un matin, cela avait été le tour de Ghjacumu et de Verzé de partir en avant-garde. Le Corse s'était fait un ami : Mouloud ben Hadj Moha. Ce dernier avait décidé de partir avec eux. Ils étaient revenus, bien plus tard que prévu, gravement retardés par une embuscade et, aux dires du Français, c'était grâce à l'Arabe que deux sur trois avaient pu revenir vivants. Parce que Verzé, s'il était bien de retour — il avait été porté par les deux hommes —, était irrémédiablement mort. Après avoir fait le rapport, le Corse n'avait plus jamais reparlé de rien, comme si l'enfer qu'ils avaient trouvé là-haut risquait de se réveiller à nouveau à sa simple évocation. Les deux survivants s'étaient de plus en plus isolés, Ghjacumu était revenu de moins en moins souvent avec Marco. Celui-ci ne pouvait pas le voir, le Moha, avec son nez en bec d'aigle, ses lèvres minces, ses cheveux crépus et son accent qui roulait les « R » comme des cailloux dans un torrent. Mais qui avait encore l'énergie de haïr par ces temps-là ? On se protégeait du ciel qui semblait vouloir vous tomber dessus, on tirait sur tout ce qui bougeait, on escaladait, on montait, on descendait, on faisait des raids de ravitaillement pour échapper au singe et aux *beans*, on tentait de rester en vie.

Enfin, il y eut la bataille de Monte Cassino.

2007

L'inauguration de la manifestation avait attiré du beau monde et la place de l'église était noire de curieux malgré le soleil déjà chaud qui taquinait les nuques. Conservateurs de musées, politiques en place, artistes bien sûr, mais aussi toute cette foule que l'été rendait plus sensible aux rencontres culturelles et qui rechignait moins qu'en hiver à emprunter la route tortueuse de la montagne, se réunissaient en masse devant le maire.

Raffaëla Balestrini, elle, n'était montée à Quenza que parce que, durant ces trois jours de congé qu'elle avait enfin obtenus, elle ne voulait voir personne. Ne voir personne et trouver un peu de fraîcheur à l'ombre des arbres centenaires de ce village où il n'était pas rare qu'elle aille faire un tour en hiver. La perspective de reconquérir un anonymat relatif et de se reposer au vert l'avait conduite à procéder à cette réservation à l'auberge *Sole e Monti* où elle comptait passer quelques jours. En mettant quelques livres dans sa valise, elle y glissa, toute contente, une étole et un gilet, sûre qu'elle aurait à s'en servir.

Pourquoi le bonheur n'est-il fait que de contrastes ?

Elle avait tenu la semaine dans son bureau exigu et brûlant en s'imaginant amollie sous un châtaignier avec un livre pour prétexte, se contentant de regarder les feuilles s'agiter avant d'aller déguster l'un de ces plats délicieux qu'ils servaient à l'auberge. Elle aimait cette région un peu âpre, un peu sauvage, qu'il fallait apprivoiser, ces regards en coulisse qui sourdaient des persiennes closes pour garder les chambres au frais ; ces hommes bavards aux terrasses des cafés qui, à l'approche de l'étranger, se taisaient, le contraste du linge qui claquait au-devant des façades et des vêtements noirs. Elle aimait ce gazouillis de l'eau qui coule entre deux pierres blanchies de soleil, ces fouillis de châtaigniers dont les plus orgueilleux avaient été brûlés par l'index vengeur de la foudre et pointaient encore de leur ossature noircie leur rancune vers le ciel. Elle n'avait pas eu une seconde l'idée de redescendre vers la côte et ses plages. Elle craignait d'avance le chaud, la lourde odeur de produits solaires et les cris hystériques des enfants. Ce qu'elle connaissait de l'humanité l'incitait le plus souvent à s'en écarter.

Raffaëla était une jolie femme blonde d'environ quarante ans, aux cheveux attachés en catogan, aux traits nets, à l'élégance sobre, presque austère, dont le regard vous suivait longtemps après vous avoir croisé.

Certains disaient juste qu'elle était une vieille fille. Des figues délicieuses poussent dans les cactus.

Au milieu des spectateurs qui faisaient silence, Ansideo Giovanali se tenait droit, dominant les autres d'une tête, suivant lui aussi l'allocution. Elle le reconnut immédiatement. Il était impossible de ne pas le voir. Elle connaissait bien son visage, régulièrement placé en quatrième de couverture de ses livres, elle les avait tous. Elle l'avait aperçu aussi, quelquefois, de moins en moins souvent, lors d'émissions de télé où, en général, il parlait peu, mais rien ne l'avait préparé à la réalité. Ansideo Giovanali ! En personne, à ne pas s'y tromper !

Il était d'une beauté à la fois stupéfiante et étrange. Très élancé, il était ce jour-là le plus grand des hommes présents, il avait la peau ambrée d'un métis sans que ses traits fins ne soient plus qu'adoucis par sa mixité ; il était complètement rasé et son crâne luisait au soleil. Ses yeux sombres dardaient derrière l'arc assez prononcé des sourcils en marquise. Il portait une chemise et un pantalon de lin, noirs, le tissu souple laissant deviner un corps pleinement assumé. Ses mains reposaient dans les poches dans une attitude faussement nonchalante. Les cernes chargés sous ses yeux et le pli amer de la bouche la surprirent, il était pareil à son souvenir, mais il avait changé. Il avait l'air plus réservé, plus introverti qu'à la télé. Le cœur de la jeune femme battait la chamade : c'était à ne pas y croire. Cet homme-là, dans cet endroit-là !

Autour de l'assemblée, des sculptures avaient été mises en place comme à l'entrée du village, où elle en avait déjà aperçu quelques-unes. Pendant qu'elle garait sa voiture sur la placette à côté de la fontaine, elle se remémora le jour où elle avait pris la file durant des heures, au « Salon du Livre » à Paris, dans l'espoir de parler quelques instants à cet écrivain qu'elle adorait, mais il avait filé après un nombre conséquent de signatures sans qu'elle puisse l'atteindre. Elle avait entendu les murmures amènes des conversations qu'il tenait avec les uns et les autres en anticipant la joie de lui parler à son tour... Elle avait été affreusement déçue quand les organisateurs les avaient dispersés. Son irritation s'aggravait du fait qu'elle était absolument sûre que personne ne connaissait son œuvre et la moindre de ses pensées aussi bien qu'elle et qu'elle aurait mérité, plus qu'une autre, de l'avoir pour elle quelques minutes. Cette année, elle avait été surprise de constater que la rentrée littéraire se fît sans lui. Quelle chance de le rencontrer là, maintenant !

Elle se fraya un passage dans sa direction, mais constata que les participants s'étaient ébranlés vers les diverses œuvres proposées au regard. Elle le vit descendre, seul, l'escalier qui s'ouvrait sur le fond de l'aire. Sans vergogne, elle le suivit.

— N'est-elle pas merveilleuse ? l'interpella-t-il, tout heureux de partager son bonheur quand elle le retrouva, à gauche, en bas des marches.

Il était accroupi à moins d'un mètre d'un arbre composé, pour le tronc et les racines, d'un enchevêtrement de métal rouillé d'une couleur ocre rouge, torturé comme le corps d'un olivier centenaire qui serait resté nain ; bonsaï improbable jailli d'un imaginaire délirant, arbre qui tenait debout par une myriade de racines plantées dans le sol comme des doigts et qui donnait l'impression d'être sur la pointe des pieds. Les branches se ramifiaient à l'infini, devenant de plus en plus fines, de plus en plus gracieuses, toutes penchées comme les bras d'une danseuse dans la même direction de l'harmonie la plus absolue. Ces membres aériens étaient terminés chacun par une cuillère de métal blanc, lissé, lumineux et qui semblait à la fois offrir et prendre, mais surtout qui créait un contraste subtil, un jeu de lumière et d'éclat avec l'orange des branches dans une alliance absolument magnifique. Ces cuillères donnaient l'impression d'être faites de pure clarté et l'arbre en semblait vivant, mais animé d'une vie magique et irréelle. Cuillères feuilles, cuillères métaphores, on imaginait sans peine comment tout cela pouvait resplendir sous la pluie et briller encore sous la lune. La vision de cette œuvre était un moment de pure joie.

Il tournait autour, faisant varier les angles, heureux comme un enfant.

— Que c'est beau, s'exclamait-il, mais que c'est beau et comme l'on voudrait y avoir pensé soi-même !

Elle ne trouvait rien d'intéressant à dire, elle n'avait pas le sens des mots ; elle voyait l'arbre, se disait : « *Bien, c'est un arbre, super ! Un arbre !* », complètement décalée, elle le trouvait un peu niais à s'extasier comme cela, elle se méfiait de sa propre voix et n'aurait pas été surprise de voir un corbeau jaillir de sa bouche. Elle fit un vague signe de tête. Fallait-il le dire ? On aurait exhumé la *Vénus* de Milo devant elle qu'elle n'y aurait pas prêté plus d'attention. C'était Giovanali, son idole, qui était devant elle ! Tout de même !

Il leva la tête, la regarda et se redressa en lui tendant la main :

— Ansideo Giovanali !

Elle ne dit pas qu'elle savait, elle ne dit pas qu'elle le connaissait, qu'elle ne connaissait que lui, *elle avait dit quoi Loïs quand elle avait rencontré Superman ?* Là, tout de suite, elle ne s'en souvenait pas et répondit sobrement :

— Raffaëla Balestrini ! Elle n'aurait même pas pu jurer qu'il s'agissait bien de son nom.

Bégayant comme une adolescente dont le poster de chambre à coucher prendrait vie, elle avança. Il ne s'offusquait pas de son mutisme, remplissait les blancs.

— Je suis stupéfait de voir autant de belles choses rassemblées au même endroit, j'en ai des regrets d'être resté absent aussi longtemps.

— Vous êtes d'ici ?

— Ma famille, oui ! Moi, je suis venu pour la dernière fois… en… Un froncement de sourcils, une ombre qui passe sur son visage, un geste de la main comme pour chasser une mouche inopportune… Il y a longtemps !

Sans se concerter vraiment, ils allèrent ensemble pour suivre le parcours que la main aimable de Seraphina avait tracé sur un plan qu'il tenait. Ils eurent le bonheur d'être séduits, émerveillés et parfois même dérangés. Elle n'osait faire de bruit de peur qu'il ne la chassât. Alors, ils parlèrent un peu, pas énormément, mais à aucun moment, Ansideo ne sembla vouloir suivre seul le chemin qui prenait forme au milieu du village, caressant les jardinets avant de s'enfoncer comme par hasard dans le maquis. On aurait dit que la petite route se déshabillait, s'allégeait, se dénudait pour pouvoir gambader plus librement, abandonnant les maîtres mots de la civilisation-bitume, ciment, lourdes pierres pour aller légère, seulement vêtue de sable, entre les buissons de myrte, les roseaux et les châtaigniers.

Protégés par des murets de pierres sèches, de soigneux jardins potagers étageaient les piquets de haricots et les plants de salades entre lesquels des poules buissonnières et déplumées picoraient. Pardessus une clôture, un prunier tendait ses fruits encore verts; un peu plus loin, c'était une framboise qui s'infiltrait dans le grillage, tendant ses rondeurs pourpres à la gourmandise des passants. Partout, on entendait l'eau roucouler de caniveaux en rus jaillissant aux becs verdis de cuivres antiques flashant fugacement au soleil, murmurant, pour retourner à leur cours souterrain.

De loin en loin, des carcasses foudroyées de troncs carbonisés jaillissaient d'une opulence verte de châtaigniers en fleurs. Le pollen se déplaçait en essaims errants.

Tout au long, la surprise des sculptures trouvait naturellement sa place.

Il commença à faire très chaud. Ils avaient quasiment tout vu à l'exception des pièces se situant en contrebas de l'église et du lavoir, mais la morsure du soleil se faisait d'autant plus soutenue qu'Ansideo était chauve. Ce qui aurait pu passer pour un handicap accentuait en réalité son charme teinté d'exotisme. Mais le plus beau des crânes nus reste un crâne nu et il risquait, à cette heure, une sévère insolation.

— On va boire quelque chose ? demanda-t-il.

Elle accepta sans formalité, ils se retrouvèrent donc au milieu d'un nombre assez important de promeneurs qui, bien que n'étant pas dépourvus de cheveux, se trouvaient là pour les mêmes raisons qu'eux. Ils n'avaient que le courage, après cette marche, de suivre d'un œil indolent les passants.

Il était à l'eau, elle, au rosé; il s'était dit qu'il refusait de se laisser aller pour l'instant à la tentation sans savoir exactement à quelle tentation il refusait de céder : si c'était celle du vin ou celle que constituait la présence de cette femme à ses côtés.

Devant eux, un couple, solidement chaussé et harnaché, passa en raclant le fer de ses semelles ou de ses bâtons sur la route.

— *Pumadaghji!* dit-elle à mi-voix.

— Pardon ?

— On les appelle comme cela, ici : ceux qui viennent sac au dos, tente roulée et qui se nourrissent de tomates, passant à la caisse des supermarchés avec des sachets minuscules, mais squattant partout et, surtout, assez peu respectueux de propreté et de la propriété des autres. Les « tomateux » en quelque sorte ! Mais l'appellation est nettement plus péjorative vers la côte qu'en montagne où les valeurs ne sont pas tout à fait les mêmes. En montagne, on respecte le vrai marcheur.

Il s'assombrit :

— Ah oui, les valeurs des hommes de la montagne...

Son visage ressemblait à un ciel d'été, changeant au gré des nuages, se couvrant et se découvrant sans qu'on n'en connût l'exacte raison. Elle pensa qu'elle était trop didactique, trop péremptoire et qu'il se sentait comme étranger, avec ses propos à elle, dans un pays qui était tout de même le sien. Elle décida de ne plus aborder ce genre de conversation.

— Vous n'êtes pas Corse vous-même ? demanda-t-il.

— Si, je suis originaire de ce pays, mais j'ai beaucoup résidé à l'étranger aussi. Elle avait envie aussi d'ajouter stupidement et hors de propos : « *J'ai lu tous vos livres* » mais elle se retint, elle avait l'impression d'avoir quinze ans, ce n'était pas forcément agréable. On lui aurait affirmé qu'un filet de salive coulait de sa bouche, elle l'aurait cru ! Il prit la parole, catégorique, pour cacher sa retenue.

— Raffaëla, je vais vous faire une proposition ! Je n'ai pas vu grand monde depuis quelque temps, mais je n'ai guère envie de prendre place à une de ces terrasses bondées ; je vous invite donc, si vous le permettez, chez moi pour partager un déjeuner à la bonne franquette. Ce sera improvisé, sommaire, mais nous serons dans mon jardin, au frais, et j'ai une chaise qui n'a pas encore servi.

Ce fut dit avec tant de spontanéité et de gentillesse qu'elle n'avait aucune raison de refuser.

— Je vais aller déposer ma valise à l'hôtel et je vous rejoins ici dans dix minutes, si cela vous convient.

— Parfait, je vous attends.

Elle récupéra son véhicule, se rendit à l'auberge, récupéra sa clef, ne vit rien autour d'elle tant elle était fébrile. Elle avait peur de le faire attendre et jeta la valise sur le lit; elle se lava les mains, se parfuma, puis lança un coup d'œil fataliste à la glace, fila et le retrouva là où elle l'avait laissé.

Ils se laissèrent aller le long de la pente jusqu'à la porte; elle eut l'obligeance de ne pas faire de réflexions sur la 4L, il s'effaça pour la laisser entrer.

Au début, elle ne distingua rien tant le contraste entre la route frappée de plein midi et l'intérieur frais et sombre de caverne du ventre de la maison l'éblouissait. Et puis, les détails commencèrent à prendre corps. Au mobilier ancien, un peu ruiné, s'étaient ajoutées des pièces qui semblaient tirées du bivouac d'un gentleman anglais installé en savane africaine.

Tables, tréteaux, fauteuils de bois pliants, moustiquaires largement déployées, vaisselle de porcelaine, argenterie et faïence brisée, photos épinglées, draps de lin blanc servant au lit et à la table : un ensemble disparate et raffiné dans lequel on voyait un univers, et puis des livres, encore des livres, toujours des livres et des carnets. Un univers tel qu'elle n'aurait osé l'imaginer, mais qui lui plut follement. Ansideo attrapa un drap et le lança sur la table placée sous le pommier. Il y déposa assiettes et couverts, deux verres à pied et les denrées qu'il alla dépendre à la cuisine.

Il n'était pas bavard, elle n'éprouvait pas exagérément le besoin de parler, ils apprécièrent le moment partagé, la vapeur qui restait en suspens au-dessus de la végétation, la nourriture qui était bonne. Elle l'aida à débarrasser et ils firent la vaisselle.

Elle ne lui dit pas un seul instant qu'elle savait qui il était.

Elle regagna son hôtel à la fraîche, car, en début d'après-midi, après l'avoir questionnée sur ses projets — elle n'en avait pas —, il lui avait prêté un livre qu'il aimait ; puis, il l'avait laissée tranquille, mais, tandis qu'il allait se reposer dans la chambre, il l'avait invitée à rester ; elle en avait envie, ce que leur rencontre avait d'artificiel n'en gâchait pas le plaisir. Au fond, à elle, cela convenait très bien, le jardin était charmant : elle entendait couler l'eau quelque part et des oiseaux chantaient dans les haies. Elle ne faisait aucun plan, aucun projet, se laissant porter par l'air tiédi, ravie déjà de sa journée qui avait été comme une oasis dans le paysage un peu triste de sa vie actuelle. À son retour, elle apprécia le décor rustique et raffiné de l'hôtel et de sa chambre qu'elle avait à peine pris le temps de regarder à midi. Elle s'offrit un verre de vin au bar, parla un peu avec le personnel de l'hôtel et regagna ses pénates, enchantée de sa journée. Triste aussi qu'elle se finisse, un peu comme une enfant au matin de Noël.

Deux des volettes de la persienne étaient dégradées et laissaient passer une large flaque de soleil, comme si la lumière avait coulé des stries pour se coaguler au sol. La vie bouillonnait au dehors, au hasard des grondements d'un moteur de voiture ou d'éclats de voix qui parvenaient comme les fragments d'une vitre brisée. Elle se sentait à l'écart du monde, déconnectée et curieusement lucide. Dans un état de semi-éveil qui avait pour effet d'exacerber ses facultés de réflexion, mais d'une manière neutre, dégagée de toute implication émotionnelle.

Elle venait de rencontrer l'homme qu'elle admirait le plus depuis ces dix dernières années, celui qui avait mis les mots sur ses émotions les plus intimes, celui qui semblait la connaître sans ne l'avoir jamais rencontrée. Elle avait réalisé son fantasme le plus inatteignable, qui s'était concrétisé au moment le plus inattendu. Elle voulait rester là pour savourer l'idée, ne surtout pas commencer à attendre qu'il y ait une suite… Ce qui s'était passé était déjà inespéré ! Il ne fallait pas qu'elle se fasse des films : elle avait un don pour trouver le mauvais homme ou le mauvais moment… Ou encore pour dire la mauvaise phrase, adopter la mauvaise attitude… Enfin, un don pour se retrouver seule ! D'une façon ou d'une autre, il ne fallait pas qu'elle y pense. Les couleurs des rêves donnent le teint vert à la réalité.

Le matin était jeune encore. Elle tendit devant elle une jambe très blanche qu'elle replia bien vite. C'était presque une provocation par les temps qui couraient de ne pas bronzer. Qu'allait-elle faire ? L'essentiel était de ne pas laisser l'intégralité de ses pensées tourner autour de la maison à la 4L. Garder sa dignité ! Faire en sorte que les deux jours qui lui restaient soient deux jours de détente et demeurent à la hauteur du premier.

Elle se redressa sur le lit et attrapa les livres qu'elle avait placés sur le guéridon à côté d'elle.

Elle avait pris un peu de tout : des polars de Del Pappas... huum-mmm ! Pas mal non plus lui... Tito Topin, Descosse, quoi d'autre ? Un bouquin sur la domination masculine... de Bourdieu ! Elle sourit ; finalement, elle n'en sortait jamais, du boulot, c'était plus fort qu'elle ! Preuve qu'elle était faite pour ce qu'elle avait choisi, petite consolation qui viendrait en barrage de tous les soirs de doute et de crainte qui se déversaient des montagnes de ses angoisses. Elle avait emporté son baladeur, mais, ici, les oiseaux chantaient, il n'était pas nécessaire de sonoriser sa solitude par les blues des autres : elle se « bruitait » toute seule...

Elle se doucha, enfila un pantalon de toile et un tee-shirt, prit un livre au hasard, un carnet à croquis, sa trousse. Elle aimait faire des esquisses et fourra le tout dans un abject sac vert pomme qui ressemblait à une crotte d'arbre. Puis, elle descendit prendre son petit-déjeuner dans la salle où elle se trouva seule. Déjà partis, pas encore arrivés ? Ce n'était pas son problème, elle se fichait des autres : son petit bonheur suffisait.

Elle choisit de remonter vers le château dont elle n'avait fait qu'entrevoir les sculptures la veille et dont Ansideo avait parlé avec une sorte de crainte respectueuse... Du moins, c'est ce qui lui en avait semblé. De plus, l'histoire d'amour par laquelle était née la bâtisse excitait sa curiosité.

Le parc, quand elle arriva, avait des lueurs vertes et rougeâtres et semblait avoir du mal à s'extraire de l'obscurité, comme d'un pyjama un peu collant de la sueur de la nuit. Et le château émergeait de l'ombre avec des airs de monstre qui se réveille. Les statues gardaient le jardin de la manière minérale et féroce qu'on lui avait décrite… Elle resta cependant peu en contemplation devant les dieux. Ceux-ci la laissaient assez froide. Elle pensa qu'il était normal qu'un homme dont la profession demandait de l'imagination en développât un tout petit peu trop en présence de ces billots mal équarris ; de toute façon, l'Antiquité n'avait jamais été son truc. À part les oreilles du roi Midas, elle ne se rappelait de rien et encore était-ce parce que c'était ainsi qu'ils avaient surnommé le professeur de droit pénal en quatrième année. Elle, à vrai dire, c'était le château qui la fascinait. Elle ne subissait pas cette vieille superstition médiévale qui disait que les êtres contrefaits annoncent la menace d'un autre monde. Elle s'approcha donc du perron et en gravit les marches. Un vieux panneau traînait sur lequel l'incongruité d'un seul mot encore visible semblait s'adresser aux fantômes : « *Sonnez* ».

Qui fallait-il sonner et pourquoi ? Depuis combien de temps la sonnette n'avait-elle plus retenti ? Du reste, ayant obtempéré, elle se rendit compte que celle-ci était muette. Mystère ! La première grande porte de bois peinte était tout en mauvais état, impossible à ouvrir car gonflée d'eau, partiellement dégondée et bloquée. L'autre, d'un bordeaux délavé, avait perdu le vantail inférieur et battait sinistrement. Elle la poussa pour éviter de la toucher, prise d'une crainte superstitieuse : c'était la maison de Gilles de Rais, de Dracula, cette baraque.

Elle fut saisie à la gorge par l'odeur de bois pourri, de plomberie désagrégée, de bêtes furtives et sales, d'abandon. Vent qui rentre où il veut, laissant stagner dans des endroits obscurs l'odeur du champignon, alors qu'à peine quelques mètres plus loin, c'est celui d'une fosse septique qui hurle... Feuilles corrompues, métal qui rouille... Torture des plafonds dégueulant leurs tripes en cascades de graviers, de bois et de tuyaux.

La pièce était immense, partagée en trois parties. La première, centrale, très vaste et imposante, donnait sur un escalier puis courait sur la droite jusqu'à une immense cheminée d'inspiration médiévale. Puis, elle se prolongeait sur la gauche, dans la partie bâtie de la tour, par un espace à peine plus petit où s'ouvrait une fenêtre. Une jolie fenêtre sylvestre avec un arbre gentiment penché. Une femme tendre avait dû le planter, mais, sans doute, elle ne l'avait pas vu grandir. Il y avait de la solitude dans l'ombrage de ces feuilles caressantes. Le carrelage, autrefois superbe, se gondolait et le plafond vomissait deux étages qu'il ne parvenait plus à supporter dans une obscène éventration : l'eau avait fait ses ravages partout. On sentait les tavillons dangereux, la bâtisse plus que fragilisée... Traverser un étage, prendre même l'escalier enflé de mauvaise vie serait plus qu'aléatoire, ce serait stupidement risquer sa peau ou, tout au moins, ses os. Elle le regretta quoique les grincements et craquements divers qui peuplaient l'univers sonore de cette étrange habitation n'incitassent pas particulièrement au tourisme. Elle décida pourtant d'aller au fond de la pièce, sur l'extrême pointe des pieds, en direction de l'arrière, pour atteindre la petite terrasse. Elle trouva les cuisines désertées, les salles d'eau dévastées et, partout, l'eau qui s'infiltrait et pourrissait tout. Il n'y avait aucune trace de squat ; c'était en dire long sur l'état d'insalubrité de l'ensemble. Dehors, derrière, de pragmatiques containers à ordures rappelaient qu'on avait vécu ici, ce qui semblait presque difficile à croire.

Les maisons abandonnées génèrent fantasmes et malaises, comme si l'on ne pardonnait pas à la bulle de savon qu'elles ont été, portant les rêves et les envies de personnes disparues, de laisser des carcasses, des traces visibles de l'échec, de l'illusion, une fois crevées, comme si personne ne supportait de voir la mort d'une espérance. Qu'est-ce qu'une maison abandonnée sinon une renonciation ? Une porte claqua à l'étage ! Une âme morte qui s'agitait ? Raffaëla était rationnelle, mais l'endroit lui portait sur les nerfs. Elle renonça à repartir par le jardin, les ronces et les urticants y ayant la part trop belle et traversa donc d'un pas furtif l'espace qu'elle avait déjà parcouru. Une plainte sinistre de bois torturé la suivit. Un effondrement interne, un gargouillis sinistre ? La menace… était réelle.

Elle referma dans un craquement éraillé la porte du mieux qu'elle le put et se demanda si d'autres curieux avaient tenté la visite… C'était très dangereux… Si un enfant… Elle évacua d'un revers de main ce sentiment de responsabilité du monde qu'elle portait en elle, variante acariâtre d'une culpabilité judéo-chrétienne bien ancrée par des années de catéchisme, et fila vers la grille qui grinça son mécontentement d'être dérangée. Elle décida de s'installer à l'ombre hospitalière des arbres qui faisaient face et de faire quelques épures, exorcisant, comme les êtres du Néolithique, la peur de l'inconnu par la capture de l'image.

Même à cette distance, elle aurait juré que les dieux la fixaient.

Le temps qu'on laisse filer s'échappe vite, la matinée s'enfuit comme une perruche d'une cage restée ouverte, en buée volatile. Son estomac commença à lui rappeler que midi devait être largement dépassé ; de plus, l'ombre avait changé de côté autour des arbres. Elle avait fait un assez grand nombre de petits croquis du château et des statues. Alors, elle décida de redescendre à l'auberge où elle eut la surprise de se voir tendre un message ! Prière, exorcisme, murmure de mantra : « *S'il vous plaît, pas le boulot, je ne veux pas que ce soit le boulot et cela ne peut être que le boulot, personne ne sait que je suis là… Fichez-moi la paix !* ».

La perspective de redescendre à Ajaccio la consternait, elle était bien, ici, tranquille…

Mais, elle avait eu tort de s'inquiéter : le mot était d'Ansideo.

« *Je vous attends vers dix-neuf heures pour un petit dîner ; si vous ne pouvez pas, appelez ! Sans quoi, venez...* ». Le numéro était griffonné. Elle le retranscrit tout de suite ! Son numéro ! Mais elle n'appela pas puisqu'elle s'y rendrait. L'âge ne fait rien à l'affaire, le cœur a toujours quinze ans ! Ce n'est pas forcément toujours agréable !

Les hirondelles s'acharnaient à rayer le miroir lumineux du ciel blanchissant comme d'austères nonnes qui s'égayent sur la glace. Et il faisait, ce soir-là, de plus en plus frais. Elle prit son châle avec un soupir de volupté.

Elle constata qu'il était parvenu à déplacer un peu la 4L et que sa porte était entrouverte ; une moiteur se dégageait de l'ouverture, à peu près aussi agréable que l'haleine d'un vieux chien qui halète en plein été, presque repoussante dans l'air purifié du soir. Elle eut une fugitive hésitation.

Il cria du fond de son antre :

« Entrez, vite, j'ai besoin d'aide ! Au secours ! ».

Elle courut, ne sachant que penser. La visite du château l'avait péniblement impressionnée, elle s'attendait presque à un drame... Il était debout sur un escabeau aussi antique qu'instable et tentait de fixer un lustre, qui manifestement avait des velléités d'indépendance, à un plafond qui vomissait son plâtre. Le tout à la lumière d'une lampe à pétrole et de quelques bougies qui ne parvenaient pas à rendre de la clarté à cette pièce obscure. Elle tint l'escabeau d'une main tandis que, de l'autre, elle tentait d'éclairer d'une lampe torche anorexique la scène du viol. Enfin, il put descendre, le luminaire s'étant rendu et le plafond n'ayant plus protesté.

— J'ai vingt surprises de ce genre par jour, s'esclaffa-t-il avec bonne humeur. J'ai l'impression d'être un transplant mal toléré, je suppose que c'est la manière qu'a la maison de me dire de me sauver !

Elle ne fit aucun commentaire.

— Je savais que vous deviez rester pour trois jours, je me suis permis... Il laissa en suspens sa phrase, la guidant vers le jardin où il avait disposé flambeaux et bougies du plus bel effet. Elle pensa qu'elle ne se remettrait jamais de ce dîner. La terre est triste quand on descend d'un arc-en-ciel.

Le vin blanc était délicieusement frais et fruité, elle n'eut pas véritablement conscience d'en avoir abusé ; cependant, la tête lui tournait un peu. Aucune importance, elle était bien. Il faisait nuit à présent et les lucioles se momifiaient voluptueusement dans la texture chaude des bougies.

Elle était un peu gênée par les symptômes de son ivresse ; toutefois, il la servait encore. Elle refusa en riant, plaçant la main en protection sur le rebord de l'orifice ; il saisit les doigts crispés, les embrassa tendrement et remplit le verre alors qu'elle était en pleine confusion.

Elle était si troublée qu'elle buvait sans le savoir, pour se donner une contenance. Il la laissa s'embarrasser, ne disant rien — il arrive que les silences dérangent —, la regardant juste à la lumière tremblante des bâtonnets de cire avec cet air indéfinissable qui lui était familier, tandis qu'elle se demandait pourquoi il lui avait embrassé la main, tout en souhaitant qu'il le fît encore.

La nuit crissait de vie — oiseaux nocturnes, insectes — alors que chez les hommes tout s'amollissait, glissant vers le sommeil comme un édredon qui tombe au sol. Il la laissa s'engourdir… Et, la tête lui tournant toujours, elle ne comprenait rien à ce qui lui arrivait. La cloche sonna une heure indéterminée, elle tendit les bras pour le plaisir de sentir l'air frais la frôler. Il s'était levé et, une fois derrière elle, lui avait lentement caressé la base du cou. Elle s'était levée aussi, lui avait fait face et il s'était penché sur elle, l'avait lentement, tendrement embrassée. Elle tremblait, s'accrochait à ses épaules. Un oiseau cria lugubrement, ils rentrèrent dans la maison.

IV

13 mai 1945

Très tôt dans la matinée du 13 mai, les positions allemandes, qui avaient été ravagées par le « rouleau de feu » des canons français, subirent la ruée des tirailleurs marocains. L'adversaire se défendit, mais dut céder peu à peu devant les soldats galvanisés, les cris de guerre, les chants religieux, *La Marseillaise.* Percé de trois balles, le capitaine Henry de Belsunce, qui précédait ses hommes, tomba déchaînant la fureur des tirailleurs ivres de sang. Ils chargèrent ! Ils posèrent le cadavre, le soutenant assis sur la crosse de son fusil, et chargèrent désespérément avec lui en hurlant : « *Même les morts passeront !* ». C'est ce qu'il avait affirmé peu auparavant. Les goumiers, d'un seul élan, répondirent au « *Zidou l'gouddam* » et envahirent avec fièvre les pentes rocheuses que les Allemands croyaient libres de soldats. L'ardeur des hommes fut telle qu'on dit que les Français avaient « goumisé » la route à travers la montagne. Les mulets transportèrent les armes lourdes, les hommes escaladèrent ; rien n'était trop haut, rien n'était trop raide, rien n'était trop dur. Ils étaient, de fait, de moins en moins humains.

Le ravitaillement arrivant mal, les soldats s'impatientèrent : ils manquaient de tout. De plus en plus, ils lançaient des raids pour récupérer du bétail et des vivres abandonnés par les gens qui avaient fui. Il arrivait que les habitants du pays fussent là et se défendissent. C'était la guerre. Qui peut savoir encore où est le bien, où est le mal, dans des temps pareillement tourmentés ?

Au grand déplaisir du Corse de Quenza, l'amitié entre son alter ego et le Marocain n'avait fait que se renforcer durant cette bataille. Comme si survivre à semblable horreur avait tissé entre eux des liens d'une nature particulière ; ou comme si, précisément, l'enfer vécu là-haut avait donné naissance à une échelle de valeurs sur laquelle le fait d'être né dans le même village était moins important que la réalité de l'être humain rencontré dans le combat. Marco, cependant, attendait son heure. Bien décidé, quand les choses seraient plus tranquilles, à dire ce qu'il avait sur le cœur. Cela ne l'empêchait pas de mener à bien ses petites affaires : un soir, il quitta son unité et partit avec les goumiers en direction d'une ferme proche dont on avait dit qu'elle pourrait leur fournir vivres et femmes. Ce n'était pas la première expédition de ce genre. Les rumeurs avaient enflé, on parlait de viols en grand nombre ; on parlait aussi du meurtre de ceux qui avaient tenté de s'interposer. Où était la vérité ? Les hommes prétendaient que c'étaient les lieutenants qui les avaient lancés avec le couteau aux dents pour terroriser tout le monde... Le moral n'était-il pas le nerf de la guerre ? La seule certitude était qu'ils faisaient peur et que leur avancée dérangeait. Il faut toujours salir la victoire et diaboliser les vainqueurs. Mais l'Armée ne voulait pas de telles bavures. Le lieutenant Pierre Lyautey avait décidé de faire des exemples et avait déjà fait fusiller sur-le-champ ceux qu'il avait pris en flagrant délit sans attendre les tribunaux militaires. Ce soir-là, Marco ne rentra pas. Ghjacumu savait que la guerre avait révélé chez lui un tempérament instable. Il savait aussi qu'il était plus facile de céder, lui aussi, à la tentation, mais il résista. Mouloud avait appris que le lieutenant de leur unité avait décidé d'aller lui-même à la ferme et de sanctionner immédiatement… Après la « campagne d'Italie », il y aurait la « campagne de France » : il ne s'agissait pas de laisser ses troupes livrées à elles-mêmes et faire là-bas n'importe quoi ! Marco et les siens avaient été dénoncés. Il fallait absolument arriver avant eux. Ils rampèrent à l'extérieur du camp au milieu de la terre dévastée. Ils se trouvaient là comme des asticots dans le ventre broyé d'une charogne. De loin, après avoir crapahuté un bon moment, ils entendirent des femmes crier. Les deux hommes se dépêchèrent et parvinrent rapidement au milieu d'une cour de ferme encadrée de bâtiments qui se dressaient comme pour dénoncer plus cruellement la dévastation alentour. La solide porte de bois était sinistrement entrouverte. Une femme gisait à côté de la cheminée, du sang coulait de sa tête tandis que quatre soldats en tenaient une autre rivetée à une table. Marco s'affairait odieusement au milieu de ses jambes.

— Barrez-vous ! Les autorités arrivent ! Barrez-vous ! Ghjacumu faisait irruption comme un fou, il hurlait affolé. L'intervention avait déstabilisé les hommes présents. Marco refusait de s'interrompre. Mouloud le prit violemment par le bras.

— Fous le camp, on te dit ! Vous avez été dénoncés. Tu vas te faire tuer !

Les autres s'étaient déjà dispersés. La femme qui était encore consciente se remit à hurler. De la crosse de sa carabine, Marco lui balança un coup mortel qui la jeta au sol comme un sac de sable. « Ghjacu » fut pris d'une violente envie de vomir. La mort, il avait fini par ne plus la voir… Mais ça ? Il attrapa un Mouloud tétanisé par le bras, repassa la porte. Il n'eut pas un regard pour Marco.

Les hommes purent regagner leur camp sans encombre, mais, si personne ne les attendait chez les Corses, il en alla tout autrement pour le Marocain. Rassemblé, ce soir-là, avec une quinzaine d'hommes sur le même chef d'accusation parce qu'ils avaient été manquants à l'appel, il n'eut pas la possibilité de se défendre, ne le voulut peut-être pas. Il demanda à voir brièvement « Ghjacu », ce lui fut accordé. Ils parlèrent tous deux, s'embrassèrent une dernière fois et puis il rejoignit les autres au peloton d'exécution. Il avait refusé de mettre le Corse en cause ; « *Inch Allah !* » avait-il dit.

Son corps s'effondra sur la neige molle comme l'ultime feuille morte tombe en hiver alors que, déjà, les autres repartaient. On eut dit que le Marocain avait usé toutes ses envies de vivre et qu'il avait voulu cette fin-là, éreinté de peur et de meurtres, usé de craindre la mort et de la donner, décidant de l'affronter une bonne fois pour toutes.

Les autres avaient repris la route, marchant ainsi jusqu'à Florence. Puis, ils firent une pause quelques jours et furent, enfin, les derniers à embarquer à Civitavecchia pour Marseille. De là, ils repartirent pour les Vosges, la trouée de Belfort et le front, encore.

L'abondance matérielle à laquelle ils avaient été habitués par la logistique américaine en Italie n'était plus de mise dans l'est de la France. Les munitions étaient chichement attribuées. Du reste, une nuit, la section de mortiers alla « emprunter » des obus aux stocks américains empilés en pleine nature. Les troupes présente étaient exténuées, mais le 6e R.T.M. devait avoir la force d'enfoncer la porte menant jusqu'à Colmar. Le combat allait se livrer sous des rafales d'obus de 150, de murette en murette, de trou en trou, à la grenade et au pistolet-mitrailleur pour ceux qui en avaient, souvent au corps à corps. Le régiment prit possession du bois. Il plut sans cesse, les soldats étaient hirsutes, traits creusés, leurs yeux brillants, ils avaient les pieds endoloris par les gelures. En douze jours, ils avaient perdu neuf cent quinze hommes sur trois mille.

Depuis la fatale nuit de l'exécution, les deux Corses s'étaient séparés, ne se parlaient plus, se croisaient à grand-peine : rien n'était prononcé. Mais Ghjacumu n'avait jamais pardonné à son compatriote et ne lui pardonnerait jamais. Il le surveillait en coin, jamais à côté, jamais vraiment loin, lesté d'incompréhension et armé comme une grenade. Ils arrivèrent dans une verrerie du côté de Lutterbach. C'était la veille de Noël et tous sentaient que la fin de la lutte était proche. Il y avait une sorte de tension palpable, une charge d'électricité autour d'eux. Ils avaient fait un feu dans la cour après avoir poursuivi des poules et cuisiné tout ce qu'ils avaient pu trouver. C'était le deuxième Noël loin de chez eux, ils avaient le vague à l'âme. Alors, les catholiques se mirent à chanter des chants de Noël. Les Arabes les regardèrent et ils recommencèrent leur *Shâhada*, eux aussi. Ils se mirent debout, ils étaient saouls de toute la gnôle et de toute la peur, de tout ce froid, de cet isolement qui les rendaient autres. Les voix s'élevèrent dans une horrible cacophonie. Le spectacle de ces troupes aux manteaux sans forme, sans couleur, aux visages hâves, était pathétique et effrayant. Alors que tous chantaient encore, un obus tomba sur la verrerie !

Tout explosa dans un fracas inouï ! Les premiers qui reprirent conscience ne virent autour d'eux que morts et blessés. Le verre brisé, se transformant en milliers de petites flèches, avait créé des dégâts partout. Cette nuit sonna le retour pour nombre d'entre eux.

Ghjacumu, indemne, partit avec les troupes d'occupation sur le sol allemand où il resta quelque temps avant de rentrer sur Paris. Marco, qui avait été blessé au visage par l'explosion de verre, regagna la Corse beaucoup plus rapidement.

2007

Un bruit obscène ! Où ?

Le téléphone qui sonnait avec insistance.

Raffaëla Balestrini n'arrivait pas à ouvrir les yeux ni à se rappeler où elle se trouvait. Sa bouche était tapissée d'huile cellulosique, ses tempes vibraient d'un sang trop lourd. Après un répit cruel, le ridicule appareil se remit à retentir et à vibrer, à manifester toute sa petite masse compacte avec une détermination qu'aucune envie de sommeil n'aurait pu vaincre. Elle battit des paupières, tâtonnant de la main l'espace inconnu où s'évertuait le cellulaire. On grognait de contrariété à côté d'elle, elle se redressa d'un coup, jeta un coup d'œil sur le numéro qui s'affichait, blêmit, se jeta en dehors du lit à toute vitesse, se prenant les pieds dans la moustiquaire qui traînait au sol puis fila dans le jardin. Les murmures de sa voix parvenaient par éclats bien qu'elle fît attention à ne pas être entendue.

Elle revint en grimaçant, se tenant la tête d'une main tandis que l'autre tenait le téléphone. Ansideo grinça :

— Qu'est-ce qui se passe ?

— Boulot, une urgence, tu as de l'aspirine ? Il lui tendit le tube, peau abricotée jaillissant du drap immaculé, douceur du poignet…

— Tu reviens ?

— Je t'appelle ? Cela risque de prendre du temps !

— J'habite ici ! J'ai tout mon temps !

— O.K. ! La douche est où ?

— À gauche... Dans un grognement, il lui retira le drap ; file, mais ne fais pas de bruit, j'ai mal à la tête aussi.

Elle sourit.

La police maintenait les curieux à distance. Des bandes jaune fluo avaient été tirées en travers de la place et devant l'ouverture. Trois fourgonnettes s'interposaient entre les regards et l'entrée, deux bleues, une blanche des services médicaux. Des gendarmes, des lieutenants ou sous-officiers du commissariat de Sartène qu'elle reconnut, des officiers chargés des expertises scientifiques, tous s'agitaient en de nombreuses allées et venues entre les véhicules et la scène qu'elle ne voyait pas encore.

Un commandant s'avança vers elle, main au képi.

— On vous a mise au courant ?

— Non, on m'a dit que c'était d'une extrême gravité et qu'il fallait que j'arrive le plus rapidement possible.

L'autre fit une moue affreuse.

— Alors, serrez les dents.

Elle les serra à les faire rentrer dans sa mâchoire et cela ne suffit pas !

Avant d'arriver là, elle avait vu ces sculptures, telles qu'elles avaient été conçues par l'auteur, faisant vibrer l'espace autour d'elles. Il s'agissait de deux grands cônes de métal de couleur rouille se terminant par une large roue et qui étaient reliés à l'orme centenaire par un écheveau rouge de fil pelucheux semblant perdre ses fibres en vieux châle de danseuse. Le tronc en était comme cambré en avant par les cordelettes qui le ceignaient aux reins : une autre idée du flamenco, le passé pris à la taille par le présent, l'un métaphorisé dans ce végétal somptueux qui devait abriter la place depuis des siècles, l'autre dans la légèreté diaphane de cette structure aléatoire, iconoclaste et dérangeante... Les structures métalliques étaient quasiment inexistantes par rapport à la masse feuillue et ne semblaient exister que pour supporter les entrelacs des fils.

Or, un autre artiste avait ajouté à cette œuvre sa touche personnelle.

Un corps, entièrement écorché, avait été fixé sur la roue de gauche dans la position du dessin de Léonard de Vinci, « l'Étude de proportions » du *De architectura* de Vitruve. Bras et jambes écartés, il avait été lié au métal après avoir été décapité et son ventre présentait une cavité béante de laquelle jaillissaient ses entrailles qui avaient été déroulées et mêlées aux fils rouges. On ne pouvait nier la volonté artistique de cette affreuse exposition.

Balestrini porta la main à sa bouche de peur de laisser échapper le cri d'horreur qui lui brûlait les lèvres. C'était insoutenable et ceux qui évoluaient autour d'elle, pourtant aguerris à toutes les turpitudes de la vie, ressentaient le même effroi. Celui qui avait fait cela avait franchi tous les tabous, toutes les bornes de la folie. Elle se força pourtant à regarder parce qu'elle savait d'expérience que la conscience note les incongruités et les illogismes qui, intégrés à une photo, distancés, perdent de la puissance, de leur vérité. De leur côté, tous s'activaient, se concentrant sur des actions qu'ils savaient devoir accomplir pour éviter de penser ou de regarder.

Le quotidien d'un flic est fait des coulisses du spectacle, ces à-côtés scabreux qu'on cache derrière les rideaux, petites monstruosités ordinaires de la vie, maltraitances d'enfants, coups en état d'ébriété, petites crapuleries, overdoses, suicides ou crimes sordides, vols et viols divers qui n'étaient que la mousse nauséabonde qui débordait des miasmes de la société. Au bout d'un certain temps, même si on pouvait le déplorer, la vérité était qu'on se blindait. Elle savait qu'il s'agissait là d'un cycle qu'elle n'avait pas les moyens d'enrayer. Les dégâts causés sur la psyché fragile d'un enfant trop jeune par un père dépravé posaient sans coup férir le délinquant futur qui, à son tour, mettrait son maillon à la chaîne. Ainsi va la vie... Elle ne pouvait que tenter de faire de son mieux. L'existence, telle qu'elle la voyait, tout comme tous ceux qui se pressaient autour d'elle, était sordide, sombre et collait aux semelles comme la graisse et le sang.

Perversions du stupre, du fric, des glaires, du sang, qui prenaient dans les dossiers des noms divers, mais qui revenaient toujours au même : la douleur et la mort. Une humanité qui en était singulièrement dépourvue.

La plupart de ceux qui avaient des contacts trop répétitifs avec ces situations — reporters, infirmiers, flics — se forgeaient une armure en classant ceux qui leur faisaient face dans des dossiers compartimentés : maniaco-dépression, hystérie, monomanie, misères de la guerre... Ils ne voyaient plus que *le cas* dans l'affaire qu'ils déshumanisaient et c'était pour eux la seule façon de survivre.

Tous se refusaient à parler et donc à convoquer de nouveau les odeurs, les regards, les peurs, les angoisses, la fatigue, ce sentiment que la vie n'était plus qu'une gigantesque nuit, une décharge à ordures démesurée dont peut jaillir n'importe quel monstre. Personne n'évoquait jamais l'affligeant ennui de la misère ordinaire.

Très peu d'entre eux, cependant, avaient déjà été confrontés à une pareille abomination.

Elle avait déjà, pour sa part, vécu des moments difficiles qui l'avaient mise en présence d'êtres démoniaques. Elle ne se souvenait de rien d'équivalent ! Les spécialistes s'évertuaient avec les pinces à collecte, les sachets de toute taille, les appareils-photo, les poudres et les lumières spéciales, tous ces instruments qui s'interposaient entre la brutalité et le conscient et donnaient, illusoirement, l'impression de pouvoir agir. Elle pensait qu'en l'espèce, et bien que rien ne soit à négliger, la solution ne se trouverait pas dans un sachet, mais qu'on avait devant les yeux tout ce qu'il y avait à savoir. Quelqu'un brailla inutilement : « Vous avez une idée pour la tête ? » Les abords avaient été fouillés, personne n'avait d'idée et personne n'avait rien vu. Elle ajouta à voix haute :

— Et la peau ?

Un de ses lieutenants sursauta, bien sûr, la peau ! Non, pas de peau non plus…

— Celui qui a fait cela a vingt longueurs d'avance sur nous et rien n'est laissé au hasard : il s'amuse de notre inutile activité. On n'écorche pas quelqu'un pour le décapiter sur une impulsion, c'est une longue haine qu'il faut pour en arriver là. Un long travail, aussi. Cette personne se construit en tueur depuis sa petite enfance et nous sommes là, pensant que quelques instruments vont nous mener à lui ? Nous sommes des imbéciles. Elle aurait parié sa vie qu'on ne trouverait aucun indice utilisable.

Allez vous rhabiller, les « *Experts* » et autres « *Robocop* » nouvelle génération qui rassurez les imbéciles par l'analyse prise en gros plans lents de quelques produits bien dégueulasses. On était dans la vraie vie et, là, rien n'était aussi simple. Aucune chance de boucler l'enquête en quarante-sept minutes pause publicitaire comprise. *Ciao* David Phillips et Mandy Webster ! Vous n'êtes pas sélectionnés pour la deuxième semaine.

Elle songea plus que fugacement à sa nuit et à l'homme qu'elle avait abandonné pour venir ici. Elle était dans le brouillard de ce côté, aurait été heureuse en d'autres circonstances ; bien que, pour être franche, elle ne se rappelait pas de grand-chose de ce qui s'était passé. Surprenant, quand on songe qu'elle avait rêvé de cet homme depuis dix ans ! Trop d'émotions, trop bu, trop lascive, sursaut de honte vite étouffé, la soirée était bonne, c'est tout ce dont il fallait se souvenir. Pendant qu'elle prenait du bon temps, lui, là, se faisait transformer en guirlande de Noël ! Ne pas y penser.

Ils s'activèrent toute la journée, le bureau de la mairie ayant été investi comme Q.G. Ils firent beaucoup de vent jusqu'à la nuit, s'échinèrent et donnèrent le sentiment de *faire* ! Illusion, tout n'est qu'illusion ! Elle bâilla en se massant le dos : ils n'avaient rien trouvé. Elle avait passé la journée à donner des ordres, dépêchant les lieutenants en enquêtes de voisinage, collectant les renseignements à la municipalité — À quelle heure les projecteurs de la place s'allumaient-ils ? Y avait-il eu des pannes de courant ? —, prenant note de tout, appliquant toutes les ressources de sa réflexion aux cas qui lui étaient soumis. Elle refusait de s'en distraire, même une seconde. Elle ne songea pas un seul instant à retourner à la maison à la 4L : elle n'avait pas eu le temps de téléphoner et ce crime changeait tout. Et puis, elle connaissait trop l'effet que sa profession faisait sur le désir des hommes. Elle n'avait nulle envie de voir dans le regard de celui-ci la même incrédulité assortie de recul qu'elle avait déjà notée dans des dizaines d'autres. Avec la vitesse de propagation des renseignements dans les petits villages, il devait savoir à présent comment elle gagnait sa vie !

Mieux valait rester sur la douceur dans laquelle elle l'avait laissé.

Il fallait aussi qu'elle reconnaisse équitablement que ce « salaud » de saint Augustin l'avait, une fois de plus, frappée au creux des reins et qu'elle culpabilisait profondément. Son caractère rationnel avait beau lui affirmer qu'elle n'était pour rien dans le crime, le fait de s'être envoyée en l'air à moins de cent mètres de la scène sanglante lui posait des problèmes moraux. Elle n'arriverait jamais à se débarrasser de ce sentiment de responsabilité de la misère du monde qu'elle portait comme un sac de plomb en travers des épaules et qui devait, sûrement, faire partie de ses motivations quand elle avait choisi cette profession à la fin de ses études de droit. En attendant, savoir n'est pas guérir.

À l'auberge, ils savaient à présent qui elle était et on la traita avec une distance qu'elle n'avait pas constatée la veille. Peut-être n'y avait-elle pas été attentive ? Cependant, personne ne vint lui demander quoi que ce soit et elle fut reconnaissante de cette marque de respect. La nouvelle s'était propagée comme une onde de choc dans la quiétude paisible du village. Hier, tous étaient dans l'euphorie de la fête; aujourd'hui, l'agglomération était en deuil. Des *pumadaghji* traversaient le village, insensibles aux tracas des habitants, faisant sonner leurs bâtons de fer, alors que tous se regardaient comme si ce qui s'était passé peignait d'un coup le monde de sang. Raffaëla ne voulut pas s'attarder, elle savait qu'après le traumatisme viennent la panique, puis la révolte et l'acceptation. Ainsi va la Terre.

La soirée était déjà avancée, mais elle n'avait pas voulu regagner, dès cette nuit, son domicile ajaccien. La logique aurait voulu qu'elle s'en retournât, mais elle se sentait fatiguée, un peu nauséeuse, réalisa qu'elle n'avait rien avalé de la journée. De plus, elle avait les jambes enflées. Elle redescendrait le lendemain. Elle referait un tour sur la place avant de partir.

Au moment où le corps avait été enlevé, le légiste était venu à sa rencontre. C'était un homme qu'elle aimait bien, solide, pratiquant son métier sans état d'âme, avec soin et sans déranger, au service des autres comme il le pouvait. Ils se serrèrent la main. Il portait sur le haut du crâne une mèche un peu trop longue ; elle se dressait sous le souffle léger qui ne parvenait pas à rafraîchir la place.

— La cause de la mort m'est inconnue à l'heure actuelle, mais ce qui est sûr, par contre, c'est qu'il a été écorché *post mortem*. Aucune trace de saignement. Je pense même qu'il y a eu un peu de temps entre les deux : la mort doit remonter aux alentours de deux heures du matin et il a été... hum... accroché entre trois et quatre heures, les mutilations n'ont pas été effectuées sur place. Il a été lié avec les fils qui constituaient l'œuvre initiale. Je vous en dirai davantage le plus rapidement possible. Le fait est qu'il n'y a aucune trace au sol, il devait être « emballé » à son arrivée.

Elle le remercia et nota les renseignements.

Elle avait regagné l'auberge à pied.

Aucun message ne l'attendait à la réception, *mais de qui espérais-je un message ?* se moqua-t-elle, *personne ne sait que je suis là, enfin personne...* Elle en ressentit un pincement au cœur sans raison mais refusa obstinément de s'enfoncer dans ce sentiment. Elle avait trop souvent constaté qu'elle avait tendance à lancer la machine à rêves sans raison ; il fallait garder l'imagination dans les casiers pour être sûr de n'être pas déçu. Elle monta se changer et prit une douche après s'être assurée qu'on servait encore. Ayant passé une robe de lin beige et brossé ses cheveux, elle fit une grimace à la glace et redescendit. Dans la salle, les photophores étaient allumés sur les nappes roses, diffusant une jolie lumière et des couples en maraude se penchaient tendrement l'un vers l'autre pour se murmurer des confidences. Elle pensa qu'elle aurait dû se faire monter un plateau, que cette soirée était une bêtise et que ce lieu n'était pas fait pour quelqu'un comme elle, seule et un peu triste. Elle avait probablement fait le plein d'émotions positives avec Ansideo pour les dix ans à venir ; ne pas en vouloir davantage était l'expression même de la sagesse. Elle respira largement en dégageant les épaules tandis que le jeune serveur la précédait. La lumière tamisée ne lui permit de voir Ansideo qu'au dernier moment. Il l'attendait. Il avait pris son visage entre ses mains, pensif, la regardant arriver avec une gravité inattendue. Elle fut frappée de sa beauté incroyable, de la magie qu'il dégageait et de la puissance de ses mains. Il n'avait pas des mains d'écrivain.

— Alors, madame la Juge… dure journée ? Il y avait comme un soupçon d'agressivité dans sa voix. Peut-être le rêvait-elle seulement ?

— Oui, un peu dure ! dit-elle en s'asseyant et en attrapant une tartine de tapenade posée devant elle, elle mourait de faim.

— Tu aurais pu me dire le métier que tu faisais, j'ai eu un choc à la boulangerie, ce matin, quand j'ai demandé ce qui s'était passé !

— Bah, tu n'as pas posé de questions ! Pas envie d'en parler !

Il ne dit rien, la regardait manger. Il avait commandé du vin et buvait pensivement.

— Cela te pose un problème ?

— Non, aucun, pourquoi ? J'essaye de t'imaginer dans un bureau de juge et tout cela, je n'y arrive pas et bon… pas grave. Tout de même, de toute la journée, pas la moindre nouvelle, tu aurais pu me passer un petit coup de fil, je n'ai pas l'habitude d'être un homme-objet ! On ne me jette pas au petit-déjeuner !

Elle rit, c'était l'image, l'expression.

— Je n'ai pas pris de petit-déjeuner.

Elle ne savait plus trop quoi penser, désarçonnée par cet intérêt qu'il lui montrait et dont elle avait si peu l'habitude.

— Il faut que tu manges autre chose, tu es toute blanche ! Il choisit les plats avec soin. Soutint une conversation à bâtons rompus qui se serait éteinte sans lui.

— Ceux que tu diriges ne posent pas de problèmes ? Ils acceptent facilement ?

— Quoi ? Que je sois une femme, une blonde ? C'est vrai que je suis souvent dans le rapport de forces et, quelquefois, cela peut être violent, mais c'est la vie que j'ai choisie. Je n'ai rien à en raconter !

— Tout de même !

— Le crime n'est qu'un genre de maladie. Je suis comme un médecin, je perce des abcès, le pus coule, il faut que je me désinfecte, je rentre chez moi et j'évite d'y penser. Parle-moi plutôt de toi, tu n'as pas dit grand-chose non plus !

Il haussa un sourcil, qui s'inscrivit comme un point d'interrogation sur l'ardoise nue de son front.

— J'ai un passage à vide, je ne sais pas trop... Il y a eu une vie dont je suis sûr qu'elle est à présent finie... sans espoir de retour... Je suis en train de tourner la page, c'est une bonne chose. Il eut un rictus amer. Tourner la page, je ne saurais mieux dire, écrire une histoire neuve dans un lieu neuf et devenir un dieu, un dieu sec, menaçant et impuissant comme ceux du parc ? Il éclata de rire. N'arrivait pas à faire semblant d'être léger. Passa la main devant son visage comme pour écarter le vrombissement malséant d'un moustique… Puis reprit :

— En réalité, j'ai fait le nègre pour un écrivain qui ne savait pas la chance qu'il avait et qui trouvait cela normal au point de partager avec moi plus que l'écriture… J'en ai assez, il faut en finir avec les mensonges et je repars sur un nouveau pied. Un temps de silence pesant… Enfin, j'essaye plutôt.

Elle n'entendit pas la fin de son discours et ne lui dit pas qu'elle savait qu'il mentait. Elle pensait, depuis qu'elle avait étudié Jean-Jacques Rousseau, que les mensonges contiennent une vérité infiniment plus essentielle que la nudité du vrai, mais que cette révélation devait se mériter. Cela dit, elle exécrait ce petit *branleur* de Rousseau. *Partager plus que l'écriture ?* Il était trop tard, elle était trop fatiguée, elle ne posa pas de questions. Le pire était qu'à ce stade, elle n'était pas vraiment sûre que la réponse l'intéressât.

Les entrées furent servies et le silence tomba.

— Je suis content que tu ne sois pas repartie, j'en aurais eu, de la peine.

Elle ne répondit pas, gênée, elle avait tout de même failli le faire…

— En plus, j'aurais dû passer par le greffe du tribunal pour avoir tes coordonnées ! Je n'ai même pas ton téléphone !

Elle griffonna sur un morceau de papier tout ce qui la concernait. Il fit de même.

Quand ils se levèrent à la fin du repas, il la suivit, une main attachée à sa taille sans qu'elle n'eût rien demandé et c'est ensemble qu'ils regagnèrent la chambre. Le lit était presque trop court pour sa haute taille. Elle n'eut pas le temps de compter les rais de lumière à travers les stries du volet. Elle l'avait, lui, et c'était bien. Les belettes couraient dans les buissons à la recherche de gibier, passant comme l'éclair et puis, brusquement immobiles, elles écoutaient l'appel inaudible à l'homme qui les guidait. On était le 12 juillet.

Comme d'habitude, son petit bureau gris était étouffant. Les murs tristes encadraient un mobilier de fonction semblant sorti du *Procès* de Kafka, la greffière avait sa tête de ménopause ; pourquoi nombre de femmes pensaient-elles que le violine dans les cheveux est préférable au gris ? Et son ordinateur ronflait comme un quinquagénaire qui a fait le plein de bière dégageant, de plus, la chaleur d'un fourneau.

Durant sa carrière, il lui avait déjà été donné d'être confrontée à des disparitions de cadavres ; sachant avec certitude qu'il y avait eu meurtre, elle avait cependant été dans l'incapacité de retrouver le disparu. Pas de cadavre, pas d'inculpation ! Parvenant ainsi à cette évidence juridique : une certitude sans preuve ; rien. Et voilà que la situation présente était presque aussi compliquée. Si on ne trouvait pas la tête et si la victime n'avait pas souffert d'une pathologie remarquable se signalant dans son corps par une intervention spéciale, si tous ses organes occupaient sagement leur place réglementaire, *enfin... hum ! Si on pouvait les remettre en place sans hiatus*, si sa carte génétique n'était pas fichée au F.N.A.E.G., alors le corps aurait pu tout aussi bien couler en mer.

Elle soupira, étouffant malgré le ventilateur en colonne verticale qui se trouvait juste devant elle. Ici, tout était vétuste, obscur et triste et il régnait une moiteur suintante et attisée de gueule de vieux chien aux dents cariées. Levant la tête, elle suivit, déconcentrée, la fuite d'une lézarde dans la lèpre du plafond. Elle ne pouvait s'empêcher de penser à cette bête pathétique que tous avaient pris l'habitude de voir, bâtard femelle sans âge, à l'arrière-train dévasté, béant et grouillant d'une vie immonde, qui se faisait mûrir au soleil en attendant la mort devant la grille du palais de Justice, lui ressemblant si étrangement.

Elle mit la touche finale à quelques dossiers en cours, attendant le rapport du légiste, ne souhaitant pas le harceler, car elle savait qu'il avait donné la priorité absolue à l'affaire, mais grillant d'impatience. Elle entendait à proximité les rumeurs de la ville prise d'assaut à cette période par les touristes et les Corses du continent qui venaient se retremper dans leurs sources familiales.

Elle avait déjà rédigé les commissions rogatoires pour les O.P.J. de Sartène et les avait envoyées par fax à la gendarmerie. Elle avait également voulu mettre le S.R.P.J. d'Ajaccio sur l'affaire, mais elle se dit que ce serait, peut-être, une mauvaise idée. Les rivalités entre les forces de police n'étaient pas un vain mot sur l'île ; ses collègues et elle déploraient vivement des rapports avec la gendarmerie dont le qualificatif le plus modéré était : « *compliqués* » ! [1] Par ailleurs, elle craignait de se voir dépossédée du dossier dans la mesure où, la plupart du temps, les magistrats parisiens se saisissaient des affaires les plus intéressantes.

Mais il ne s'agissait pas, cette fois, de politique ou de nationalisme qui plaisaient tant aux magistrats en mal d'avancement... Ce qui devrait lui laisser les coudées franches. Enfin, elle prit un appel qui lui indiqua que le rapport était sur un serveur sécurisé, sur le net dont elle avait le code.

Elle n'eut aucune peine à le trouver et, ayant inséré son mot de passe, elle en enregistra une copie qu'elle imprima avant de le consulter. Elle aimait bien avoir les fichiers « papier » sous les yeux, pouvant annoter ou passer au stabilo les points essentiels.

La victime était un individu de sexe masculin entre quarante et cinquante ans, très grand, au moins un mètre quatre-vingt-dix, en parfait état de santé, bien qu'il ait déjà les artères sclérosées par l'alcool et le tabac. Il avait les stigmates d'un gros fumeur. Les causes de la mort étaient difficiles

1. http://www.senat.fr/rap/l99-069/l99-06912.html

à déterminer compte tenu de l'absence de parties capitales. L'heure de la mort se situait entre minuit et deux heures, l'approximation venait du fait que le foie s'était trouvé au contact de l'air et qu'il avait fait très chaud cette nuit-là ; le refroidissement des chairs était donc plus lent et la température de l'organe non fiable. Le cadavre n'avait pas de fractures et il était délicat de déterminer s'il avait porté des hématomes, mais les chairs n'avaient pas été meurtries *ante mortem* selon les analyses. Les viscères extraits du corps l'avaient été *post mortem* également : il n'en manquait aucun, bien que leur suspension les ait altérés, d'autant que les quelques heures passées dehors avaient attiré des animaux qui avaient attaqué le cadavre. Sa carte génétique n'était pas encore terminée, faute de temps ; elle lui parviendrait plus tard. Elle balaya les lignes du regard, arrivant enfin à quelque chose d'important : l'estomac, qui était resté dans la cavité abdominale, avait été incisé et un papier y avait été glissé. Le document scanné était joint.

Elle passa des heures sur les rapports qui s'accumulaient devant elle. La collecte des indices n'avait rien donné, trop de monde passait en cet endroit et elle était sûre que dans les poils et autres résidus corporels stockés, on avait dû trouver des éléments qui lui appartenaient, elle avait toujours perdu beaucoup de cheveux ! Rien de significatif n'avait pu être mis à jour de ce côté. Elle patienta, puis elle obtint le texte traduit dans le milieu de l'après-midi, après qu'elle se soit accordé une pause-café au distributeur du hall d'entrée du palais de justice. Elle voyait passer les professionnels accompagnés de leurs clients, certains endimanchés, d'autres affichant un négligé qui ressemblait à de la provocation. Le regard de l'homme pris dans les mailles de la Justice, entre ceux qui y croient et ceux qui depuis longtemps ne prient plus à aucune paroisse, interpelle celui qui sait encore le voir. La lueur de l'œil est fragile, tremblante, comme une lanterne dans un courant d'air. Le hall sombre résonnait tristement malgré les chuchotements de confessionnal auxquels s'appliquaient les gens. Elle y passa une dizaine de minutes, debout à côté de la machine, ayant besoin de reprendre pied au milieu des humains, de voir le monde bouger, vivre, souffrir. Souffrir, c'est encore vivre et être au monde, non plus parcelles, indices collectés à la recherche d'un monstre. Elle n'avait pas mangé, cela pouvait attendre, elle verrait dans la soirée.

Elle se connaissait. Elle était à ce stade de l'enquête où elle se laissait gagner par l'ambiance, où ses pores ouverts intégraient la moindre information, le moindre élément et où son esprit, en toute inconscience, assemblait les morceaux et lui donnait une direction. Elle laissait les faits créer en elle une construction, les accueillant comme un terrain débroussaillé accueille les fondations d'une maison. Dans ce vaste couloir trop sonore, l'esprit vide, elle regardait des ombres de gens agiter des semblants de vies.

Des limbes ! Ce lieu était l'antichambre de l'Enfer, où le corps obéit tandis que l'âme s'agite, désincarnée, oxydée, affolée. Elle était plus transparente que les autres qui passaient là tant de temps dans ce lieu réservé à ceux qui n'ont fait ni le bien, ni le mal, ceux qui ne se sont pas investis, les non impliqués, les touristes, les spectateurs… Dante avait parfaitement résumé cet espace. Son « *Enfer* » à elle.

Le procureur général la vit alors qu'il se dirigeait vers l'ascenseur. Ferait mieux de prendre l'escalier ou, pire, le monte-charge, ragea-t-elle intérieurement en glissant un coup d'œil furtif et écœuré à son ventre proéminent et à ses petites pattes boudinées ! *Plus facile à rouler qu'à porter, le gnome !*

L'homme avait des ambitions politiques ; ainsi donc, s'il lui laissait la charge de dossiers sans importance, il captait et renvoyait systématiquement tout ce qui pouvait lui attirer les regards bienveillants de ses supérieurs. *Indépendance des magistrats du siège, on y croit !* pesta-t-elle. Il n'y a que les ordinateurs qui soient réellement indépendants ! Tant qu'un homme reste un homme, il pense d'abord à lui et je ne suis pas exempte de ce type de calculs, reconnut-elle avec lucidité. On vise tous une chaise plus grande... Elle jeta le gobelet dans la corbeille grillagée — même les gobelets en carton finissent derrière les barreaux —, remonta chez elle. Son humeur était affreuse !

La traduction du message avait été déposée bien en évidence sur son bureau. Elle s'assit et la lut avec soin :

Puisque je suis la proie d'un deuil que je ne puis oublier,
Car je pleure une tête bien aimée et je garde le souvenir.

Un frisson glacé parcourut son dos, elle sentit une sorte de terreur lente la gagner. Ce message était un extrait choisi par le tueur, mais, en dehors de son sens littéral, il indiquait un élément très important. Celui qui avait choisi ces mots avait passé une vie à se constituer une telle colère et une telle frustration, une telle douleur, qu'un événement l'avait fait basculer dans un autre univers. Un monde où les règles sociales en vigueur n'avaient plus cours, où sa loi seule primait et sa loi était celle de la souffrance. Ce meurtre l'avait temporairement aidé à survivre, mais, dès que l'effet bénéfique de cette action se serait dissipé, dès que le crime s'effacerait dans ses souvenirs, il recommencerait. Car le sens du message était celui-là : il s'agissait du premier cri ou, peut-être, du premier cri connu d'un être qui en pousserait d'autres. Elle fit un effort pour s'attacher aux mots, mais son esprit s'affolait et elle perdait le fil. Elle fit glisser les roulettes de sa chaise jusqu'au bureau d'angle sur lequel se trouvait un ordinateur connecté à internet. Elle l'ouvrit, attendit, ce n'était pas un modèle de l'année, il était aussi vif que de la mélasse en hiver… Puis, elle tapa les mots du message dans la barre de recherche. Elle reçut :

Homère — L'Odyssée — Chant I — Traduction de Leconte de Lisle.

Elle avait obtenu au moins dix entrées qui la conduisirent toutes au même texte : celui du retour d'Ulysse à son domicile tandis que les prétendants festoyaient dans sa maison. Ce passage, qu'elle relut, était terrifiant. Le héros, Ulysse, après une vie d'errance qui le poussa d'île en île et d'aventure en aventure, obtint enfin le pardon de Poséidon dont il avait tué le fils, Polyphème ; il put donc rentrer chez lui. Là, seul son chien le reconnut ! De plus, il eut la désolation de voir son épouse harcelée par des prétendants, installés à ripailler et pillant ses richesses, tandis que la reine déplorait son absence. Doublement bafoué, en sa qualité de mari et de roi, il prit longuement la mesure de la scène avant de les exterminer chacun d'une flèche lancée d'un arc qu'il était le seul à pouvoir bander.

Le contenu intrinsèque du message aggravait donc sa seule présence.

Le texte avait été rédigé en grec ; l'auteur devait être quelqu'un d'érudit, quelqu'un qui élaborait ses projets en puisant dans la mythologie des idées morbides de vengeance et de mort. Après une courte réflexion, elle passa un certain nombre de coups de fil puis rédigea un rapport. Au moment où elle le termina, la soirée était déjà bien avancée. Elle se leva avec lenteur, déplia longuement ses membres comme un chat qui s'étire et bâilla. La nuit était tombée dehors, les vitres sales avaient pris les teintes orangées et blettes des villes la nuit. Ce qui meurt flamboie toujours une dernière fois. Elle devait se reposer ; le lendemain, elle allait retrouver à Quenza tous ceux qu'elle avait convoqués.

Il lui fallut un certain temps avant d'entendre le téléphone sonner dans sa poche. Elle rentrait à pied dans son appartement qui se trouvait non loin de la préfecture, dans une rue perpendiculaire au cours Napoléon. Elle disposait d'espace pour un lieu central, même si elle déplorait parfois l'absence de vue et le caractère un peu confiné de son habitation. La vibration reprit avec insistance. Elle attrapa le mobile et lut le numéro de celui qui l'appelait. Ansideo ! Elle l'avait rangé dans un coin de sa mémoire, de peur qu'il ne disparaisse de sa vie alors qu'elle commençait à s'attacher à lui. C'était arrivé trop souvent… Elle avait peur de souffrir !

La solitude avait toujours été son lot, discrète, aimable, fidèle, qui savait se tenir en retrait, un peu à distance, se faisant oublier pour revenir plus présente, plus collante, plus envahissante, tentaculaire, mais presque rassurante à chaque fois. Parfois, quand elle levait la tête d'un dossier dans son bureau aux coins assombris par la chute du jour, il lui semblait l'apercevoir, là, debout dans ses voiles épais et laineux, pleine d'une fausse émotion, avec ce sourire de chat de Chester ; ce sourire éternel de celui qui sait que l'espace est à lui, attendant avec patience celle qui était là. Alors, elle ne s'était plus révoltée, elle avait accepté l'absence d'enfant, de bruit dans son appartement, de vie et la télé éteinte. Elle était assez sincère pour reconnaître que son métier n'avait été que l'alibi de son état mais qu'il n'en était pas la cause. La cause, elle avait pris le temps de savoir la trouver dans l'abandon de son père, alors qu'elle était toute jeune, et dans les *lamenti* de sa mère qui semblait, au travers d'elle, reprocher éternellement à cette moitié génétiquement présente qu'elle ne pouvait réfuter ce qu'elle n'avait su dire à l'homme qui s'était enfui. Elle n'avait été pour sa mère qu'une parcelle dissoute de son père. Une sorte de scorie impossible à effacer. Une tache grasse sur la housse blanche d'un canapé qu'on n'arrive pas à remiser à cause de cela, mais dont on ne voit *que* cela ! Et pour qui, finalement ? Rien qui ne vaille la peine de se retourner ! Ah ! Si ! *Mauvaise langue*, quand il avait su qu'elle était juge, il lui avait demandé, une fois, une intervention personnelle pour mieux l'oublier au plus vite ! Elle en avait gardé un énorme besoin de reconnaissance, un problème avec le regard des autres, une sous-estimation permanente de soi, une culpabilité résiduelle constante ; bref, tous les ingrédients pour rater un couple. Voire pour rater une vie en s'y prenant bien ! Elle avait, dans un premier temps, cherché avec une avidité maladive la protection, la tendresse qui lui avait manquaient pour finir par découvrir sur le tard que, quand on ne s'aime pas soi-même, on a peu de chances d'être aimé des autres. Cependant, elle n'avait jamais trouvé de véritables raisons de s'aimer vraiment : manquait le sou pour faire le franc. Les hommes s'étaient réfugiés auprès de bras moins fragiles, plus solides, moins dépendants, moins compliqués… Elle était une handicapée sentimentale.

C'était une des raisons qui lui avait fait ouvrir un livre d'Ansideo Giovanali.

Il était passé dans une émission littéraire où il avait longuement expliqué que bien que son livre — *Un amour purement légal* — traitât de la difficulté pour un enfant à grandir sans l'amour de ses parents, l'histoire qui y était narrée était purement fictive. Cependant, elle sonnait si juste et vibrait avec une telle force qu'elle n'avait pas douté un seul instant que ces malheurs d'enfance n'aient été les siens. L'étaient-ils ? Elle y avait trouvé, outre un style poétique et attachant, de nombreuses sources de réflexion qui furent confortées par la suite par les autres parutions de l'auteur semblant décliner à l'infini, à l'instar d'une Marguerite Duras masculine, la commotion trouble du désir de reconnaissance refusé à l'enfant par le parent et les conséquences de ce bon regard manquant aux premiers temps de la vie. Elle avait l'impression qu'il lisait en son âme et, bien qu'il s'en fût toujours défendu, elle aurait juré qu'il n'y avait que peu de différence entre leurs passés respectifs. Avec le temps, elle n'avait jamais manqué ni une émission de radio, ni un reportage le concernant ; elle connaissait les effets du temps sur son visage, sa marque de cigarettes préférée et ses lieux de prédilection à Paris. Il faisait partie des plus gros tirages des vingt dernières années.

Elle l'avait trouvé transformé à Quenza, plus inquiet, plus fragile, plus timoré, plus secret aussi. Il avait une voix moins voilée, il ne fumait pas... Le même et un autre... Elle avait du mal à faire coïncider son vieux fantasme avec cette récente réalité. Tout avait été trop rapide, trop brutal, trop féerique, trop inattendu ; elle refusait de s'en réjouir de peur d'en pleurer aussitôt après. Elle affichait les apparences d'une calme détermination censée la garantir contre les effets d'un abandon qu'elle préssentait inéluctable et dont elle anticipait déjà l'affreuse souffrance puisque c'était sous ces auspices que sa vie s'était écrite.

Elle fut donc sincèrement surprise qu'il l'appelât.

— Tu es où ? demanda-t-il sans préambule.

— Ajaccio, je sors du bureau !

— Tu remontes quand ?

— Demain ! J'ai réuni du monde dans les locaux de la gendarmerie de Sartène pour faire un débriefing et, ensuite, je monte sur Quenza ; j'avais l'intention de réserver au *Sole e Monti* !

— Pas question, tu loges chez moi ! De toute façon, je dois m'absenter, je te laisse les clefs sous les roues de la 4L. Je serai de retour le plus vite possible.

Elle fut agréablement étonnée qu'il le lui proposât sans savoir s'il était bon qu'elle accepte puis elle se dit que l'enquête était violente et que n'être pas seule était une bonne chose. Elle fit donc une affreuse grimace à la solitude qui marchait à ses côtés ; il lui sembla que celle-ci reculait. Cependant, elle avait, ce faisant, croisé une petite fille qui la regarda curieusement sur le trottoir. Elle chuchota un secret à sa maman. Celle-ci se retourna ostensiblement. Ouf ! Quel était ce monde dont les enfants étaient si raisonnables ? Elle lui tira la langue de plus belle, la mère manqua en faire un esclandre.

Son appartement vide résonnait beaucoup. Elle l'avait peu meublé, juste de ce qui était nécessaire ; le plancher en lattes de bois craquait, il faudrait qu'elle achète un tapis, un jour, quand cela aurait vraiment de l'importance. La femme de ménage avait fait les courses, le vin blanc était frais, elle prit la bouteille et s'affala sur le canapé, la tête pleine d'images contradictoires : le corps d'Ansideo, le cadavre torturé… Elle eut encore le temps de régler l'alarme de son téléphone pour la première heure du lendemain. La journée serait longue, elle s'endormit habillée, n'entendit pas le verre se briser en tombant quand ses doigts gourds le lâchèrent… Ne dit-on pas que le verre blanc porte bonheur quand il se casse, mais peut-être que le bonheur n'était garanti que si on en avait entendu son chant funèbre. Cela marchait-il en plein sommeil ?

De grandes chances que non !
Bah !

V

Il était parvenu à écrire dix pages, d'une traite, porté par les mots. L'idée était bonne : une femme, un homme, on avait connu de moins bons démarrages. Il laissa glisser dans les pages le velours nuit d'un pan de lune, le cri de l'oiseau de proie un peu sinistre, la rayure d'un coulis de mistral. Et les paysages se formaient, cela allait bien ; il ne s'était servi qu'un verre et puis le temps était passé, la douleur du vide apaisée, peut-être était-ce à cause d'elle ; il lui téléphona, retourna dehors. Le cahier s'engrossait de buée, le verre avait fait une auréole humide sur la table à la peinture écaillée… Il frissonna : la nuit avait la paume fraîche. Puis il ramassa les feuilles, le carnet, ne tenta pas le diable ; dix pages ce soir, c'était très bien. La bouteille était là, tentante et luisante, il la reboucha et la porta à l'intérieur. Il la rouvrit, juste un verre, le but d'un trait. Les draps sentaient la cave et le parfum de femme, les oreillers dégageaient comme une vapeur mouillée, il se laissa couler. Il se demandait s'il devait lui dire la vérité. Quelle vérité de toute façon ? S'il l'avait dite à Marine, peut-être serait-elle toujours là ! Était-elle morte de son silence ? Graza avait-il vraiment voulu ce qui était arrivé ? Avait-il su le mal qu'ils lui avaient fait ? Ils n'avaient pas eu l'occasion d'en parler, tout était allé trop vite. Tout était allé trop loin ; on dit qu'on peut guérir de tout, de la mort on ne guérit pas. Il se reversa un verre, jouissant de la sensation de ses pieds nus sur les tommettes mal aplanies, rugueuses et froides. La bouteille était vide. Il s'endormit sans savoir quel parti prendre.

La salle mise à sa disposition par la gendarmerie de Sartène contenait déjà du monde bien qu'elle arrivât tôt ce matin-là : les trois O.P.J. sollicités à la brigade, plus le commissaire Santini et ses deux lieutenants venus comme elle d'Ajaccio. Ils bavardaient, un café à la main ; on lui en offrit une tasse. Le goût en était détestable. Amer, visqueux, affreux, comme un sentiment de saleté, une vieille culpabilité mal résolue... Il y avait des grains au fond du gobelet. Ils la détaillèrent avec, comme à l'accoutumée, ce mélange de condescendance machiste et d'amusement, elle était une *vieille fille* ; au cas où l'information lui aurait échappé, ces prunelles le lui disaient. Il lui vint comme un ennui de devoir à présent expliquer tout ce qu'elle avait compris et tout ce qu'elle supposait. À la lumière du regard des autres, il arrive aux meilleures théories de fléchir, elle avait mal dormi et avait marché sur le verre brisé en se levant. Non, indéniablement, le verre blanc ne porte pas bonheur.

Elle prit place devant le tableau de vinyle blanc et déboucha le feutre noir. Il lui vint un haut-le-cœur quand le violent parfum de solvant que dégageait l'objet frappa ses narines ; elle avait horreur de ces machins-là. Le vin n'arrangeait rien, elle réprima sa mauvaise humeur.

— Mesdames, messieurs… signe de tête…

Elle fit passer les dossiers que sa secrétaire avait photocopiés avant son départ et qu'ils ouvrirent avec un bel ensemble.

— Vous êtes tous au courant de ce qui nous préoccupe en ce moment… Vous avez devant vous les premiers résultats des relevés pratiqués par les hommes sur place lors de la découverte du cadavre. Vous constaterez que les lacunes de l'enquête débutante sont importantes, compte tenu de l'absence de parties essentielles du corps.

Elle leur laissa un peu de temps pour feuilleter les notes.

— Je vous prie de vous reporter à la page 5 — ce qu'ils firent —, où vous trouverez la photocopie du message trouvé dans le corps de la victime, sa traduction et son origine littéraire. Je vous ai joint quelques extraits de ce texte dans son ensemble afin que vous compreniez bien tous en quoi il peut s'avérer riche de renseignements pour nous. Elle les laissa encore regarder.

— Nous sommes en présence ici d'une personne d'assez grande taille et d'une force physique importante, compte tenu de l'action qu'il a pu accomplir seul et de la corpulence de la victime. Cette personne n'a rien laissé au hasard et a assassiné, dépouillé et décapité sa victime avec le plus grand sang-froid avant de la transporter sur la place, au vu et au su de tout le monde. Il existe donc un lieu où cela a pu se faire en toute tranquillité; il faut le trouver. Par ailleurs, j'ai toutes les raisons de penser que cet acte n'est qu'un maillon d'une série. Le premier, en principe, mais nous n'en avons aucune certitude. Il nous faut trouver s'il existe dans la région des affaires non résolues, de type moins spectaculaire que celle-ci probablement, ou des faits inhabituels qui pourraient signer le début du passage à l'acte de notre meurtrier. Car nous avons ici, n'en doutons pas, tous les signes d'une psychopathie grave. Celui qui a écrit cela — elle tapa sur le dossier — revient pour se venger, c'est le sens du message. Se venger d'un affront assez grave pour justifier pareil châtiment. N'oublions pas que ce crime n'est pas qu'une punition qu'il inflige, mais un moyen pour lui de reconquérir quelque chose, la paix, l'honneur, la jouissance, un bien qu'il juge essentiel ! Que sais-je ? En tout état de cause, le meurtre lui a permis d'apaiser une souffrance latente qu'un fait lésionnel a réveillée. Cet apaisement, nous le savons aussi, n'aura qu'un temps, celui que mettra le souvenir de l'acte à s'estomper. Il nous faut donc essayer de le trouver avant qu'il ne recommence.

Le gendarme Quarrier demanda la parole :

— Nous devrions axer nos recherches dans deux directions : l'une pour trouver des témoins ou des événements inattendus dans des lieux plutôt inhabités ; l'autre, en fouillant pour savoir quels faits marquants se sont déroulés dans le village qui pourraient justifier cet acte, c'est cela ?

— Vous pensez que le traumatisme s'est obligatoirement déroulé dans la région ? demanda le commissaire Santini. Que l'exposition du cadavre nous guide vers la piste de Quenza au-delà de la présence ponctuelle du meurtrier ?

— Je n'en ai pas la moindre idée, mais, de toute façon, la population doit être interrogée. J'ai pensé que la gendarmerie rencontrerait davantage d'opposition que des lieutenants de la P.J. pour cette affaire et, donc, j'ai délivré les commissions rogatoires d'enquête de personnes aux adjoints et au commissaire Santini tandis que je souhaite que la gendarmerie s'occupe des recherches sur le local en quadrillant la région avec méthode.

— Est-ce que la carte génétique de la victime a été passée au F.N.A.E.G. ? questionna Castellani.

— Oui, rien donné ! répondit la juge. Brigadier Micard, vous vérifierez au « Conange » qu'aucun signalement particulier n'a été enregistré dans la région, sur une période d'environ… dix ans…

— Il est possible que ce soit un touriste !

— C'est vrai, c'est pourquoi vous interrogerez les personnes qui ont l'habitude de traîner dehors, vieux à la terrasse des cafés, jeunes en vadrouille, pour vous faire une idée des mouvements dans le village ces derniers jours.

Ils étaient plongés dans les papiers devant eux afin de s'imprégner du dossier.

— Je ne vous cache pas, messieurs, que si d'autres crimes se produisent, nous serons considérés comme personnellement responsables et probablement dessaisis au profit de collègues parisiens qui tomberont sur la région comme des mouches, donc…

Elle laissa la phrase en suspens, il n'y avait pas besoin de conclure. Comme d'habitude, ils se dispersèrent sans la regarder, Santini lui fit un lointain signe de la main… Connards ! Pourquoi ces types étaient-ils tous aussi bornés ?

Elle avait passé la journée dans les locaux de la gendarmerie avec toutes les personnes qu'elle avait mandatées afin de préparer les divers points d'attaque de cette enquête. Ne ménageant ni son temps ni sa peine. Elle avait la certitude absolue de jouer contre la montre.

La nuit frisait les bords de la lumière. Elle était indécise : descendre vers Ajaccio, remonter cette nuit à Quenza ? Était-il possible de remonter dans ce village pour y chercher son bonheur après ce qui s'était produit ? Comme si l'envie de bonheur était incompatible avec son métier, vivre la souffrance des autres, courir après la folie, traquer le vice, fermer la porte du boulot et faire comme si de rien n'était ?

Le chaos envahissait sa tête ; il m'a dit de revenir, est-ce que quelqu'un m'attend seulement à Ajaccio, je deviens folle...

Elle remonterait le soir même et si les clefs étaient sous la 4L, tant mieux... Ou tant pis ; il y a des paris qu'il faut faire sans quoi on les regrette toute sa vie.

L'obscurité était tombée abruptement comme elle tombait en été ; elle prit sa voiture, la gendarmerie était en périphérie. Elle remonta sur Sartène, les terrasses étaient éclairées ; des familles occupaient les chaises, des gens avec des gosses qui couraient sur la place en poussant des cris d'hirondelle ; des maris qui prenaient leurs femmes par le cou en anticipant la nuit qui s'avance... Des boissons trop sucrées qu'on sirote en sachant qu'on aura mal à la tête, mais que, dans le creux de l'hiver, l'on y pensera avec ravissement...

Des coups de soleil qui cuisent sous les robes trop courtes et trop décolletées qu'on ne met qu'en été quand on est loin de chez soi et qu'on a la peau bronzée. Elle n'avait jamais connu cela, cet abandon, cette parenthèse irréelle, cette douceur, cette tranquille simplicité vulgaire des vacances. Pourquoi ?

Parce que des hommes avinés battent leurs femmes, parce que des enfants sont élevés dans des paniers à chiens, qu'ils ont à huit ans la taille d'un caniche, parce que des pères possèdent leurs filles et font de leurs fils des êtres malades qui vont un jour tuer, parce que des mères étouffent au point de provoquer la mort. Ce n'était pas de sa faute, elle avait beau se le dire, rien à faire, elle vivait avec cela !

Voilà plus de vingt-cinq ans que son père avait fait ailleurs d'autres enfants, sans jamais se retourner, et voilà vingt-cinq ans qu'elle s'acharnait à démontrer qu'elle était assez aimable pour qu'on l'aime un jour aussi, mieux que son père en tout cas, vingt-cinq ans qu'elle programmait des hommes semblables à lui pourtant, qu'elle le veuille ou non. Ses pensées s'entrechoquaient dans le plus grand désordre.

La route frôlait les vertiges, les ravins sont là, même si on ne les voit pas, elle tournait le volant d'une façon mécanique, la tête pleine de sculptures et de corps, de marqueurs génétiques et d'envies si simples de femme d'ici-bas.

Elle freina devant la porte. Comme si la voiture était montée seule, comme si la route l'avait halée jusque-là et quand elle tâta sous la roue de l'épave immobile, qu'elle ne trouva sous la roue que le vide de sa stupidité, alors elle se retourna. Pas de clef ! Logique ! Qu'avait-elle espéré ?

Un court instant, sa vie ne fut que noir et blanc, que béance, que vide, qu'attente, que désespoir, rien de plus qu'une femme vieillissante, qui est seule un soir, devant une épave de voiture, au pays de nulle part.

Dans l'embrasure de la porte à peine entrouverte, il était là.

Silhouette noire sur la faible lumière mouvante, elle ne pouvait deviner de lui que le fait qu'il l'attendait… Pourquoi ? La porte qui bâille, ses bras, le couloir, les odeurs, le parfum des bougies, l'eau de Cologne de luxe, le lin de sa chemise : « Je t'attendais… Je pensais que je serais seul ! — Tu as eu tort ! — Viens, décharge-toi »… Le sac qui tombe et le lit qui se creuse, « Tu n'as pas faim ? ». La timidité qui parle tout de même… « Pour l'instant, seulement de toi… — Et moi de même, viens plus près de moi ! ». Et la moustiquaire qui fait des nœuds, qu'on arrache d'impatience ! « Viens plus près de moi ! »… La chouette qui chuinte au loin… « Viens plus près de moi ! », les lucioles que la lumière attire et qui se fondent inutilement dans la cire qu'elles tachent, le plafond, avec ses crevasses… « Viens plus près de moi… Est-ce que tu m'aimes ? Dis ? »

Le petit jour frappa aux volets, pénétrant sans autorisation au travers des planches disjointes. Ils décidèrent d'aller prendre leur petit déjeuner en terrasse de café, ils n'avaient plus rien à manger et le soleil du matin les tirait au-dehors, ils furent prêts en un instant. Les façades grises étaient déjà repeintes de lumière depuis longtemps, mais les ruelles gardaient les odorants mystères de la nuit, les larmes de la lune avaient mouillé le creux des marches. Les feuilles peinaient à détendre leurs plis froissés. Il ferait chaud bientôt. La jeune femme qui leur servit le café et qui posa devant eux la panière pleine de croissants était manifestement pleine de questions qu'elle n'osait formuler. Elle revint porter sur la table des choses inutiles et puis s'assit à la place à côté d'eux, surveillant la route attentivement. Enfin, elle n'y tint plus et se retournant :

— Vous êtes la juge qui fait l'enquête sur le meurtre de la place de l'église !

Elle avait un accent prononcé, nuançant les finales d'une façon subtile comme si elles allaient se dissoudre dans l'air.

Raffaëla hocha la tête sans aménité particulière, sans discourtoisie non plus, elle pouvait peut-être découvrir des choses, mais il était tôt et elle était languide.

— Le problème dans ce village, c'est que tout le monde se connaît et ce qui nous chiffonne, c'est que personne n'a vu d'étranger cette nuit-là, quand on a fermé les volets, alors on se regarde de travers, vous comprenez ?

— Il peut s'agir d'un touriste et les lumières de la place s'éteignent à neuf heures, à l'ombre de l'arbre, il y avait peu de chance qu'on le distingue alors qu'on était en lune descendante.

— Non, vous ne comprenez pas ! On est tellement habitué à cet endroit, que même si on ne veut pas voir ce qui surprend, on le voit quand même parce que c'est comme quelque chose qui n'est pas à sa place dans une armoire. Et il ne s'agit pas du moment où le cadavre a été suspendu dont je parle, il s'agit d'avant !

— Avant ?

— *Mi !* Il y a quand même quelqu'un qu'on a enlevé et tué, puis...

Silence pudique…

— Non loin d'ici et rien dans le village n'a semblé dérangé, personne n'a disparu et personne n'a rien entendu… d'anormal ! Alors, on a tendance à penser que c'est l'un d'entre nous. L'autre, le mort, qui ça sera ? On suppute, on se compte, mais on ne trouve pas. Il n'en demeure pas moins que celui qui l'a fait, il connaît le village pour être passé aussi discrètement. Au fait, il est passé par le bas ou par le haut avec son chargement, le meurtrier ? Tout le monde se dit que si le tueur, là, a pu se déplacer si facilement d'ici à là, c'est qu'on le connaissait tous. Ou alors, il les connaît si bien, les chemins, que plus rien n'a de secret pour lui… *Mi*, c'est la *scimità* d'y songer à tout cela.

Raffaëla râla intérieurement. On avait joyeusement piétiné le sable quand on avait trouvé le cadavre au petit matin ; qui l'avait découvert, déjà ? Le curé, c'est vrai, le premier à arriver sur la place… Mais elle ne se souvenait pas d'un rapport indiquant par où on pensait que le cadavre avait été monté, ni de chemins spéciaux. Toute la place avait été ratissée et le dessous également, mais elle n'avait rien vu d'autre. Elle décida d'aller voir elle-même, quoique la scène eut dû être considérablement modifiée depuis. En fait, elle se rappelait assez vaguement des accès en contrebas.

— Vous me pardonnerez, mais je ne peux pas donner d'éléments sur l'enquête bien que je ne doute pas de la légitimité de votre intérêt...

Elle était gênée et mal à l'aise sachant que, sans instaurer de confiance, elle n'obtiendrait rien, mais que trop de confidences pouvaient la conduire directement dans les clous avec la vitesse à laquelle les renseignements se diffusaient ici.

Ansideo vint à son secours. Il offrit son plus large et plus charmant sourire ; ce qui eut pour effet de détourner le cours des pensées de la serveuse, il paya, puis, poussant sa compagne devant lui, ils quittèrent la terrasse. Il était beau à se damner. Elle n'était pas habituellement jalouse, elle eut cependant une bouffée de sauvagerie le concernant.

— Je suppose que tu veux aller jeter un coup d'œil par toi-même.

Ils n'avaient pas évoqué l'affaire entre eux, tacitement d'accord pour garder cette partie de sa vie à elle à la porte de la maisonnette. Comme si la violence respectait les frontières. Elle repensa tout d'un coup au *Petit Poucet*. Le passage où l'Ogre abandonne la poursuite à un jet de pierres de la maison du Bûcheron pour s'endormir. Elle avait appris la phrase par cœur : « *Le Petit Poucet en eut moins de peur et dit à ses frères de s'enfuir promptement à la maison pendant que l'Ogre dormait bien fort, et qu'ils ne se missent point en peine de lui. Ils crurent son conseil et gagnèrent vite la maison* ». D'une certaine façon, si on en croyait le conte, les enfants étaient toujours restés à la portée de l'Ogre qui, même dépossédé de ses bottes, restait cependant toujours l'Ogre. Elle avait eu ce sentiment toute sa vie, se demandant toujours si ce n'était pas l'Ogre qui se trouvait debout devant la porte. L'Ogre n'avait jamais cessé de frapper à l'huis.

Ils firent les quelques mètres qui les séparaient de l'église. Elle eut une sorte de répulsion à regarder du côté de la sculpture incriminée, mais, évidemment, il n'y avait plus rien. Le vent avait même balayé les traces de pas dans le sable et nivelé la fièvre humaine comme si rien, *in fine*, ne valait une telle débauche de mouvements.

Toutes les sculptures étaient toujours là. Elle laissa, à sa gauche, la tête corse surdimensionnée qui parvenait à se vider de toute substance quand on la regardait de face et qui ressemblait alors à un grand point d'interrogation — la métaphore était-elle voulue ? Puis, elle ignora aussi l'insecte tentaculaire qui veillait sur l'aire comme une sphinge maléfique, le ventre de métal aux entrailles de rouille torturées qui semblait rappeler le crime commis ici et l'ange noir, tout en longueur, dont le visage devait s'aller chercher derrière les lourds pans de la draperie qui le cachaient. Là s'ouvrait l'escalier qui descendait à l'étage inférieur. Elle ausculta le terrain avec soin, ne vit rien, retourna vers l'arbre à cuillères qui avait encore perdu des « feuilles » qui gisaient au sol ; l'escalier pour descendre vers la route, plus bas, passait par là, sur la gauche.

Elle ne vit ni empreinte plus enfoncée, ni tache suspecte, et douta même que l'on ait voulu emprunter pareil chemin chargé d'un tel poids. Mais, alors, il avait fallu un véhicule pour amener le corps à l'entrée de la place ! Or, là, par contre, les rapports étaient formels, on n'avait noté aucune trace de pneus sur le sable.

À ses côtés, son compagnon observait les lieux avec soin.

— Je ne pense pas qu'il soit passé par ici, c'est beaucoup trop compliqué et il aurait à coup sûr laissé des indices… Tu sais, j'ai l'impression que cette femme avait raison dans un certain sens !

— Ah ?

— Celui qui a commis ce geste est lié à ce pays, tout le dit ! Le message qui n'a pas été choisi au hasard, il parle de retour et de vengeance, de quelqu'un, si on s'en réfère à Homère, qui est resté absent d'ici très longtemps et qui est revenu pour y reconquérir une place qu'on tente de lui voler… Et ce quelqu'un doit avoir un visage familier pour tous, car il a pu se déplacer sans susciter la curiosité de quiconque. Il la laissa réfléchir :

— Et toi, tu es d'où ?

— Sartène, mais j'y ai très peu vécu. Mes parents couraient le monde et j'ai passé une grande partie de mon enfance en Afrique, où ils étaient professeurs. Nous avions beaucoup de cousins et la maison familiale est passée sur la branche aînée, le frère de ma mère. Du côté de mon père, c'est Carbini mais, là non plus, je n'ai pas de grands souvenirs. Mes parents étaient des marginaux, des Corses de la diaspora qui auraient peut-être retrouvé leurs racines à la retraite, s'ils en avaient eu le temps… Puis, mon père et ma mère se sont séparés, mon père a refait sa vie, je n'en ai plus eu de nouvelles. Pour ma mère…

— Ta mère…

— Accident de voiture sur le continent, elle est morte dans le transport à l'hôpital.

Le silence tomba.

Ils achevaient de descendre le chemin pour aller jusqu'à la route et, de là, se dirigèrent vers le lavoir. Un drap claqua dans le vent comme une gifle immense. L'endroit était aussi un lieu d'exposition. Le panneau bariolé était tendu en travers d'un des bacs couverts de lentilles d'eau sur lequel flottait un morceau de bois mort, travaillé et repeint. Il y avait encore un tableau qui parlait de signes… Elle tenta de retrouver à travers l'épaisseur de la végétation envahissante les échos des rires et des soupirs des femmes qui venaient ici, autrefois, mais le drap claqua encore.

Il lui avait pris la main.

— Il va falloir que je redescende à Ajaccio, j'ai d'autres affaires en cours et je dois être au bureau pour celle-ci…

Elle avait des regrets, pour une fois que les événements lui étaient favorables…

Elle jeta dans le bassin un iconoclaste et propitiatoire petit caillou en faisant un vœu : ne me le prenez pas tout de suite… et puis le regarda à la dérobée, honteuse, mais il ne s'était rendu compte de rien. La route sentait la menthe, le temps qui passe qui se dissout en poussière, il y a des chemins qu'on ne refait jamais en arrière. Ce qui ne l'empêcha pas tout de même de lancer au ciel des péans désespérés.

Le fait le plus évident, qu'elle comprit en moins de vingt-quatre heures, était qu'aucun des hommes qu'elle avait mandatés n'obtiendrait rien. Le village respirait sur lui-même comme un corps vivant et toute incursion étrangère était perçue comme une agression. Personne n'avait rien vu, rien entendu, tout était normal, il ne manquait personne, tout allait bien. Elle savait que les gens enfouissaient leurs terreurs au fond du plus épais des murs gris de leurs maisons, mais que ce n'étaient pas les gendarmes qui, en la circonstance, parviendraient à exhumer quoi que ce soit. D'autant que le fait que le cadavre reste un inconnu n'arrangeait rien, car, en réalité, il ne manquait à personne et les jours passant, « l'accident » se trouvait minoré et réduit à un mauvais songe. Elle respira largement, prit le dossier sous le bras et se rendit chez son supérieur, le procureur général qui occupait un bureau de bonne proportion au même étage. Le retour dans ces locaux obscurs et malodorants était aussi plaisant qu'une plongée dans les égouts. Il la laissa, comme d'habitude, patienter un peu devant la porte, manière de rappeler qui était qui, qui elle était, elle ; elle en avait pris l'accoutumance et savait que son souci était bien plus grave. Quand elle entra, il faisait l'occupé, veillant bien à ne la regarder qu'à peine, comme s'il lui était impossible de faire autrement, petite vengeance d'un petit esprit: *Je t'emmerde!* pensa-t-elle tandis qu'elle s'appliquait à sourire. Les petites attitudes vont bien aux petites gens. Il n'y a que les petits qui s'en offusquent, tenta-t-elle de se convaincre.

Il affichait une fausse convivialité poussant aux secrets, mais la certitude était qu'il n'était mentalement qu'un nain, un Lilliputien, un aigri, un moche, un remède au sexe, un sale, un déjà presque vieux. *Moi aussi je t'aime*, pensa-t-elle.

Elle venait de faire un point détaillé de tout ce qui avait été trouvé: le message, les mutilations et les constats du légiste. Restait le plus dur: sa théorie sur la certitude de la récidive.

— Mademoiselle Balestrini...

Il insista lourdement sur le « mademoiselle », honteux et humiliant à ses yeux, toute femme digne de ce nom ne se devait-elle pas d'être mariée, de se reproduire dans une portée de marmots censés être la seule raison de vivre de la féminine engeance ?

Satisfait de cette petite victoire, il continua. C'était un homme court, gris, terne, qui empestait le fade et les aigreurs d'estomac, la nourriture parcimonieuse et les petits plaisirs ordinaires calculés sur une balance de postier. Arrondi pourtant exagérément, mais pas de cette bonne graisse de jouisseur paisible et décomplexé ; lui, c'était le genre à stocker pour le plaisir de ne rien perdre, l'avare absolu, qui retient tout, thésaurise et fait ventre de ses plats et de ses rancunes. Sa graisse abdominale était utile, il y reposait ses coudes, rien ne se perd ; de plus, il devait souffrir du bonheur supplémentaire d'une constipation chronique, son haleine ne prêtait pas à confusion, ses dents étaient calaminées des restes des trois dernières semaines, la brosse le privait de son bien, il jouait un rôle qui lui coûtait son foie, il était définitivement envieux de tout ce qui le dépassait et *tout le dépassait*. Son bureau était à son image, plein de choses grises et ternes desquelles s'évadait presque à contrecœur la fade langueur de putridités douteuses.

— Je vois tout ce que votre théorie a de séduisant intellectuellement pour une jeune femme comme vous — *Traduire : une vieille fille inoccupée et un peu hystérique, j'ai compris, connard!* —, mais sa divulgation risquerait d'affoler inutilement la population, d'autant qu'elle ne repose sur rien.

Insistance ironique... L'esprit de la jeune femme s'échappait, elle pensa à Kaa, le serpent du *Livre de la Jungle* et sa version verdâtre dans le film de Disney: « Aie confiiiiiiaaaaaance! »... Il tapotait le dossier d'un doigt à la pulpe molle... Et, ce, en plein milieu de la saison touristique, ce qui serait très maladroit... Mais, vous avez raison sur un point et, en cela, je ne saurais vous contredire — *Bien que tu en crèves d'envie, abruti!* pensa-t-elle en s'appliquant à sourire à se faire mal aux mâchoires —: dans ces endroits reculés, personne ne peut faire jaillir la vérité de façon commune, il faut que quelqu'un s'infiltre lentement dans les us et coutumes de la population, qu'il l'amadoue, qu'il se fasse invisible... Or — il montra d'abord le téléphone posé sur la table puis le ciel, comme si Dieu l'avait appelé directement, petit regard de pitié pour lui-même —, on me demande sur cette affaire, qui frappe l'imagination, des résultats...

Il fit encore une pause dramatique.

— Donc, j'ai décidé de vous détacher de toutes les affaires en cours et de vous déléguer le commissaire Baldacci, familier des violences en villages et qui s'en est très bien tiré en Balagne, il y a peu ! Vous vous occuperez personnellement de l'enquête en gagnant le concours de chacun sur place.

Elle enragea intérieurement ; Baldacci était le type le plus pourri qu'elle ait eu l'occasion de rencontrer. Le climat délétère qu'il générait était connu de tous et c'était probablement le seul auquel elle n'eût pas songé pour cette affaire. Elle rétorqua assez vivement :

— J'ai déjà fait appel à Santini, j'ai fait le point avec lui, c'est désobligeant, reconnaissez-le ! Je vais devoir lui expliquer que vous ne lui faites pas confiance…

Elle savait qu'il répugnait à déplaire et que, même de ceux qu'il n'appréciait pas, il voulait la reconnaissance, onctueux et gras comme du beurre de cacahuètes périmé. Elle garderait Santini, elle n'avait aucun doute là-dessus. Il le lui fit payer en l'obligeant à expliquer le moindre point du dossier, elle pensa qu'elle ne sortirait jamais de l'antre de la bête, son haleine lui donnait envie de vomir. Il était le genre de spécimen anthropomorphique capable de réveiller le psychopathe au sein de n'importe quel citoyen paisible. La seule différence se situant dans le temps individuel de réaction de chacun.

Le soleil avait réchauffé la façade ocre qui soufflait sa brûlante respiration sur tous ceux qui sortaient du palais de justice. La chienne impudique était toujours là, dévorée de cancer et de leishmaniose, elle ne donnait pas l'impression d'être plus malheureuse qu'un chien en bonne santé, attaché à sa niche... On sentait le moteur de voiture qui gronde, les parfums exacerbés de femmes trop maquillées, la poussière, le bitume qui ramollit, le fer des grilles qui s'alanguit et le ciment qui s'effrite.

Bien qu'elle détestât qu'on lui donne des ordres — mal tombé d'être fonctionnaire —, elle adora l'idée d'être assignée à résidence à Quenza. Elle mourrait d'un ulcère ou d'une de ces maladies de frustration, très certainement.

VI

Il frémissait jusqu'au plus profond de son être d'un sentiment de renaissance comme si la vie sourdait de lui par tous les pores. Il ne s'était jamais senti aussi bien depuis Marine. Il n'y pensait d'ailleurs quasiment plus. Il avait avancé, son livre prenait forme, il avait commencé à créer un univers dans lequel il lui était de plus en plus facile de se projeter et qui lui tenait compagnie ; il posait les cadres, et les personnages se mouvaient comme autonomes, il suivait, notait. L'air rentrait dans ses poumons avides, il avait l'impression de capter le monde par les fenêtres de ses sens, il aurait presque pu être heureux. Il se surprenait à le devenir, se posant la question de ce qu'il allait dire…

À l'atelier, on apporta encore une fois une statue vandalisée. L'Opinicus, cette fois, avait été privé de sa tête. On l'avait remplacée par un bouquet de branches mortes et griffues pour bien montrer que l'acte était volontaire et qu'il ne devait rien aux caprices météorologiques. Les gens murmuraient et le vent se chargeait de glisser les ragots sous les portes. Raffaëla prenait des notes à la terrasse du bar, elle percevait les bribes des conversations tenues en corse à l'intérieur de l'établissement. En substance, il y était dit que le sculpteur « avait dû le chercher », qu'il avait une « personnalité spéciale », on murmurait encore plus bas: « Il n'est pas d'ici ! ». Peu déploraient le vandalisme, le fait qu'une œuvre d'art eût été dégradée comme si finalement, quelque part, le sculpteur avait mérité cette punition… Cette fatalité qui fait qu'on pense toujours ici que l'on mérite les ennuis qui arrivent ! Elle ne s'en surprenait pas, aguerrie à ce que l'on fasse porter la responsabilité plus souvent sur les victimes que sur les coupables réels. En effet, la victime étant connue, on sait qui a fait les frais de la vindicte, il n'est parent avec personne ; celui, par contre, qui en est responsable fait immanquablement partie de deux groupes: les petits parents ou les connaissances ! On l'a vu naître, on a recueilli ses premières confidences, il est sorti avec votre fille... Enfin, un d'ici, alors celui-là, *porca miseria*, on le protège. La juge d'instruction nota cependant la coïncidence troublante et le lien qui existait entre ce qui arrivait aux œuvres exposées et le fait que le crime eût été intégré dans l'une d'elles. Y avait-il rivalité entre les artistes et l'un d'entre eux aurait-il dérapé ? Le raffinement du *modus operandi* pointait vers une personnalité évoluée et cultivée... Un sculpteur ? Elle nota quelques éléments sur son bloc, entre autres qu'il ne faudrait pas négliger une visite à l'atelier « *Fiore di Petra* ». Il semblait manifeste que le hasard n'y était pour rien. Elle déplorait d'avoir à inscrire ceux qui avaient un pareil don dans la liste des suspects, mais... encore qu'elle fût en définitive assez peu réceptive aux beautés de l'art.

Il suintait quelque chose de froid et de rampant de cette affaire tant dans la cruauté de la mise en scène, son esthétisme d'épouvante, que dans l'impasse totale dans laquelle se trouvait l'enquête. Personne n'avait rien vu, rien entendu, ne savait rien, personne n'avait disparu, personne ne manquait à personne, tout allait bien à l'exception d'une sculpture incongrue qu'on avait retrouvée en pièce d'exposition supplémentaire. Elle secoua la tête comme pour s'ébrouer. Elle refusait le frisson qui lui glissait le long de la colonne vertébrale, descendant jusque dans ses mains tout à coup tremblantes. Elle n'avait jamais eu peur à proprement parler. Si le métier de juge d'instruction n'est pas de tout repos, elle n'avait pas eu jusqu'à ce jour de raison sérieuse d'avoir peur. Cette fois, c'était un peu différent et l'anxiété ne venait pas de quelqu'un, mais de tout ce qui l'entourait : du lieu, des regards lourds autour d'elle, la suivant derrière les jalousies closes des volets, pesant sur ses épaules quand elle entrait dans les boutiques, des statues, trop vivantes, trop présentes, trop réussies, dans leur vie figée et leurs cris muets. Elle se demanda pourquoi elle était aussi agacée, aussi nerveuse… Ce n'était pas logique puisqu'en fin de compte, c'était la première fois qu'elle vivait quelque chose d'aussi fort avec un homme, la première fois qu'elle était aussi passionnément amoureuse. En plus, cela avait l'air réciproque alors, cette angoisse, pourquoi ? De quel passé les ombres froides se trouvaient-elles remuées en ce moment ? Peut-être, tout simplement, était-elle si souvent régulièrement confrontée à la misère et aux drames qu'elle les anticipait avant même qu'ils ne se produisent…

Le hurlement de la bête fait peur, mais ce n'est pas la bête ! Quand on entend crier alors que personne ne perçoit rien, fait-on venir la bête ?

Elle remuait la tête comme si elle s'adressait à quelqu'un d'autre ; c'était l'ambiance, comme une sorte de lourdeur, un fardeau, une fatalité, une immobilité, une densité mortelle de l'air et des gens…

Un homme passa devant elle, maigre échalas âgé portant un chapeau froissé et tout empreint de résignation comme un vêtement trop grand qui enveloppait tous ses gestes… Madame suivait derrière, une dame qui, même en passant dans une rue vide, donnait l'impression de faire du vent, de brasser de l'air, de respirer un oxygène de meilleure qualité que les autres, élégance un peu prétentieuse et désuète, regard qui cherche le spectateur… Spectacle de la vieillesse qui ne s'accepte pas, mais qui conçoit de vieillir ? Ou semblait lui ouvrir le chemin du cimetière ? Les pensées se bousculaient en Raffaëla, elle les mit sur le fait qu'elle vivait rarement dans un si petit espace et rarement avec un homme ; forcément, elle ne pouvait qu'en être perturbée, n'importe qui le serait ; l'enquête, oui ! L'enquête ! Qu'il est *chiant* d'avoir à s'occuper de la mort des autres quand on se sent soi-même brutalement aussi vivant ! Et puis elle se rappela qu'elle avait rendez-vous à Sartène avec Santini et qu'elle était plutôt en retard.

Quenza, Serra-di-Scopamène, Cargiaca, Loreto-di-Tallano, Santa-Maria-Figaniella, Sartène… Les tournants égrainaient les noms chantants des villages corses, la voiture longeait d'antiques maisons de granit gris, des oliveraies ou des châtaigneraies ; une région qui, n'aurait été le surréalisme des cercles blancs des antennes paraboliques fixées de partout, semblait appartenir à un autre siècle, dans d'autres mœurs. La route était fatigante, car étroite et abondante en virages, bien qu'elle soit absolument superbe. Raffaëla arriva à Sartène un peu de mauvaise humeur. Elle se serait volontiers laissée aller à la rêverie, ce jour-là… De plus, elle n'avait, de toute façon, jamais manifesté d'intérêt particulier pour la conduite automobile et se sentait globalement, du fait de ce déplacement, très grincheuse.

Elle vit au nombre de voitures qui occupaient le parking qu'elle arrivait la dernière. Elle pesta intérieurement. Ces bonshommes étaient déjà machistes et individualistes, mais, en plus, certains d'entre eux étaient nettement plus âgés qu'elle et n'avaient à son égard que les sentiments qu'on porte à un animal de compagnie un peu envahissant. Quelquefois, elle rêvait de conduire un tank qui lui permettrait de rouler sur les voitures, les gens, qui lui gâchaient la vie ! *Clatch !* Et une galette d'emmerdeur, une ! Est-ce que cela se consumait aussi bien que la bouse de vache en Inde, on pourrait en ce cas en faire commerce ! Plus jeune, elle avait rêvé de réduire ses ennemis à la taille d'une poupée, puis de les entreposer dans des bouteilles de verre dont la taille se réduirait en fonction de la nature de la vindicte qu'elle ressentirait : petite haine, belle bouteille, grande haine, tout petit récipient... Elle se voyait aussi secouer les bouteilles, comme les enfants le font quelquefois quand ils capturent une araignée... Bestiole chahutée se heurtant contre les parois... Une vague de *mea culpa* reflua en elle comme une acidité gastrique... Elle ne pouvait même pas penser politiquement incorrect sans se sentir coupable, handicapée de la tête qu'elle était ! Elle se trouva humainement moche, il y avait un pauvre homme qu'on avait écorché et accroché sans tête sur une exposition de village, il fallait qu'elle se concentre. Mais rien à faire, il fallait être honnête, une part d'elle-même en voulait au monde de l'avoir sortie du lit d'Ansideo.

Le commissaire Santini l'attendait sur le parking, fumant, en esthète tranquille, la cigarette qui était désormais interdite de séjour dans les locaux. Il avait l'air amusé et elle se dit qu'une fois de plus, elle avait dû parler à voix haute et qu'il s'était bien régalé. Elle l'aimait bien, ceci dit, Santini, qui venait de Sartène. Ce n'était pas la première fois qu'il travaillait avec elle, ils fonctionnaient plutôt pas mal, ensemble. À un moment, elle avait même eu un petit sentiment pour lui — elle étouffa la voix de la sincérité qui ricanait bestialement au mot « petit » —, ayant succombé au charme de sa très haute taille, de sa force, de ses rides douces, de ce petit morceau de peau qui dépassait dans l'échancrure de sa chemise, à sa tendresse un peu distante et à cette forme de machisme sympathique qui le faisait s'interposer entre elle et certains lieutenants irrévérencieux. Il était à ce moment-là, hélas, amoureux ou faisant semblant de l'être d'une brune torride qui se répandait sur lui avec l'onctuosité d'une huile à bronzer et qui était tout aussi collante. Elle savait qu'il savait, mais il avait eu la bonne grâce de ne rien montrer. En bref, elle le retrouvait avec plaisir, et ce, d'autant plus qu'elle n'était pas cette fois... demandeuse. Enfin, moins qu'auparavant ! Qui disait que ce n'est pas parce qu'on est au régime qu'on ne doit pas consulter la carte ? Non, c'était faux. Ils se vouvoyaient.

— Alors, tout va bien, madame la juge ? demanda-t-il en souriant.

— Oui ! Puisqu'on vous a mis sur l'enquête ! J'ai eu peur un moment...

— ... que Baldacci vous soit imposé ?

— Oui ! — elle se renfrogna. C'est quand même un comble que l'on me dise qui je dois choisir ou ne pas choisir...

Elle secoua la tête, il ne fallait pas se laisser glisser sur la pente savonneuse des récriminations internes, on pourrait le lui reprocher un jour ; en Corse, *un parla mica !*

— Vous avez quelque chose de nouveau ?

— J'ai fait venir, pardon de l'initiative, mais j'ai pensé que c'était important... que l'enquête était tout de même inhabituelle, il s'embrouillait, bafouillait... Enfin, bref, j'ai fait venir une amie qui vous expliquera mieux que moi quelque chose qui m'a semblé important.

Une sorte de petit pincement la tira du côté du cœur, elle pensa : une amie ; elle pensa : douleur intercostale, respire ! Mais la bonne foi n'avait jamais été sa qualité principale. Ce salaud lui collait une pétasse dans les pattes sans même l'avoir prévenue.

— Ah ! Une amie ?

— Oui, médecin psychiatre à la Salpêtrière à Paris, elle… hum, nous nous sommes rencontrés cet été et elle m'a dit des choses au téléphone, j'ai pensé que c'était bien que tout le monde les entende…

Un malaise s'installa entre eux, elle refoula une sourde rancune, elle dit quand même :

— Vous menez l'enquête, Santini ? Vous avez demandé une expertise auprès du juge chargé de l'enquête, euh… moi ? Marrant, j'ai rien vu !

— Allez, madame la juge, ne soyez pas mesquine et attendez de l'entendre, vous faites votre job sérieusement, moi aussi, nous n'avons ni l'un ni l'autre jamais mélangé le privé et la fonction, écoutez et, si vous n'êtes pas contente, on parlera ensuite.

Il ne m'attendait pas pour moi ! Il voulait juste me cueillir avant que je la voie. Éviter l'incident diplomatique ! Mise en scène…

Elle rageait bien un peu, mais il y avait un Ansideo tout chaud, entre deux draps de lin blancs et tièdes, qui l'attendait ; on est magnanime quand on est amoureux, elle laissa filer. Ils attendaient tous, certains avec des gobelets de plastique, d'autres en lisant le journal, des grands, des petits, des chauves, des copieux du ventre, des étriqués des épaules, quelques éléments féminins, rares... son équipe.

Une femme se tenait au milieu de la salle devant le tableau de vinyle blanc. Raffaëla en eut le souffle coupé. Mince, « classieuse », grande, blonde, mais sans vulgarité, vêtue de noir, à peine maquillée, elle imposait une sorte de « zone de tenue correcte » autour d'elle. Les hommes souriaient servilement, parlaient avec elle comme s'ils la connaissaient depuis toujours. Elle ressentit une violente invasion de sérotonines et se concentra pour ne pas perdre ce rictus qui lui servait de sourire depuis un moment. Santini, qu'elle n'osait regarder, n'en perdait pas une miette, *razzia di curnutu!* Les deux femmes se serrèrent la main, mais la nouvelle arrivée était assez fine pour sentir la tension qu'exsudait toute la personne de la juge d'instruction. Elle eut le bon goût de ne pas prendre la parole en premier. Balestrini avait la voix grinçante, s'en rendait compte et ne pouvait rien faire pour y remédier.

Raffaëla, après avoir salué tout le monde et fait état des divers rapports scientifiques qui lui étaient parvenus, pointa ce que chacun avait trouvé ; en réalité, rien, de simples constats sur la normalité d'un petit village de campagne, heures de lumières, heures d'obscurité, autres niaiseries destinées à meubler le silence morne d'une enquête qui ne disait rien. Puis, elle passa à contrecœur la parole à l'amie de Santini.

— Bonjour à tous ! dit la dame avec assurance, comme si elle avait fait cela toute sa vie et, de fait, elle était plus à son affaire que Raffaëla en pareilles circonstances ; je suis le docteur Valérie Kouider, médecin psychiatre à la Salpêtrière, service des suicidés, spécialisée dans les comportements bipolaires. Je suis une abonnée de la Corse — rire gloussant de poule chatouillée — ; possédant une maison ici, j'ai donc découvert le crime comme tout le monde dans les journaux... Ma profession m'a conduite à la curiosité, il se trouve que je fréquente le commissaire Santini, nous avons eu l'occasion de parler...

Il y eut des sourires entendus dans l'assistance...

— Vous avez tous noté qu'il est particulièrement rare d'avoir affaire à un rituel aussi morbide que celui que vous avez dû affronter. La victime a été écorchée et vous n'avez pas trouvé la peau…

Elle laissa planer les mots et tous avaient l'impression de les entendre pour la première fois.

— Ce qui a motivé ma venue ici, c'est précisément cela. Nous sommes face à une créature profondément déstabilisée depuis son enfance. Une naissance en hiver se retrouve de façon récurrente dans ce type de pathologie. Dans ces cas précis, les personnes en question se présentent souvent sous l'apparence d'êtres ronds, petits ou, à l'opposé, grands et très longilignes ; ils ont souvent pour parents une mère qui n'est pas assez sûre d'elle, qui ne s'est pas présentée comme un repère fiable dans les premiers jours puis devient hyper protectrice, et le père est une figure absente, déviante qui ne peut servir de modèle. En tout état de cause, il y a mésentente des parents. Attention : tout ceci est général, une piste en quelque sorte. Il y a traumatisme violent et le temps passe. Mais le fait est que la conjonction de ces facteurs produit un sujet qui souffre d'abord de bouffées délirantes, de crises de mélancolie, puis de troubles de la concentration, d'incapacité au travail. L'automutilation est une des prémices… Votre meurtrier a eu tous ces états, tous ces symptômes, mais le fait est qu'il a pris « la peau d'un autre ». Et cette information est déterminante. Écorcher est un acte long, peu facile, qui demande une grande patience, d'autant que, d'après ce que j'ai compris, votre victime a été « épluchée » avec une minutie maniaque. Deuxième point, vous n'avez pas retrouvé la peau ! Non seulement le meurtrier lui refuse toute humanité, il lui prend sa peau, *se met dans sa peau*, mais, en plus, il la garde. Vous devez, à mon sens, rechercher un individu qui souffre de troubles d'identité. Quelqu'un qui sera d'une parfaite normalité... Qui a peut-être été dépossédé de la sienne à un moment donné... Celui qui a été accroché là-haut, sur la place, possédait une personnalité que celui qui l'a tué a voulu accaparer. Vous n'avez peut-être pas d'avis de personne disparue, tout simplement parce que le meurtrier s'est substitué à la victime et que donc personne ne manque... Et pour cause !

Le silence plana, puis :

— Mais les gens ne sont pas interchangeables ! s'exclama un gendarme interloqué. Ce n'est pas le tout de délirer, mais on ne peut pas rentrer dans une maison en se faisant passer pour un autre, si on n'a pas sa tête et euh... la tête, voire plus, c'est dément votre théorie, avec mes excuses, madame !

— Ce qui est dément, ce n'est pas ma théorie, brigadier, c'est celui que vous avez en face de vous. Quelqu'un de brillant, mais qui n'a plus aucun sens social, qui a des difficultés de concentration, qui prend le monde de ses rêves pour celui de la réalité, quelqu'un qui est allé de traumatisme en traumatisme au point de perdre le sens exact du bien, du mal, de lui-même et des autres. Comprenez bien, brigadier, elle insista sur le grade, que ce que vous avez là n'est pas une bouffée délirante qui signe la venue d'un passage à l'acte, **c'est** le passage à l'acte, et ce n'est pas tout...

Une sorte de courant d'air froid semblait s'être abattu sur les personnes présentes comme si le meurtrier se matérialisait, prenait forme devant eux, un hologramme du Diable qui se manifesterait devant leurs yeux en quelque sorte.

— Ce n'est pas tout, car cette ritualisation extrême à laquelle se rajoutent les messages, le fait qu'il ait conservé des morceaux du corps, nous donne une autre indication : il va recommencer ! En effet, il va tirer de la possession de ses trophées un sentiment de puissance qui va aller en s'estompant jusqu'à disparaître tout à fait. Il ne s'agit pas d'un acte de vengeance isolée ou d'un acte de captation simple, héritage, patrimoine, que sais-je ? ... Il s'agit de la vapeur qu'expulse un être en souffrance et qui aura besoin de recommencer dès que l'apaisement lié au meurtre se sera affaibli. Compte tenu du message et de l'ensemble de la scène, vous devez tendre vos efforts vers le survivant d'un « trauma » d'enfance, une personne dont les parents se sont séparés ou très mal entendus, qui en a souffert, dont la mère a joué un rôle prépondérant... Quelqu'un qui a de féroces raisons pour se haïr et quelqu'un, surtout, qui a usurpé l'identité de quelqu'un d'autre.

Le brigadier, pragmatique et concret, lui, était en train de défendre son point de vue avec le collègue assis à ses côtés en s'arrangeant pour que tout le monde l'entende.

— Moi, je dis que de faire des théories, c'est bien joli, mais le fait est que si, ma femme, elle ne me voit pas rentrer à la maison, mais qu'elle voit mon voisin à ma place, elle ne sera pas dupe une seule seconde ! J'ai des arguments irremplaçables... Gros rires gras.

Raffaëla prit la parole, sentant que la remise en question allait s'étendre au-delà de l'autorité de la psychiatre, jusqu'à elle-même qui coiffait cette conférence ; qu'il aille au Diable, Santini, avec ses copines à qui il donnait le premier rôle dans la pièce qui se jouait, la psy aurait pu se contenter de lui exposer sa thèse entre quatre yeux et qu'elle-même en rajoute à sa conférence ! La juge sentait la colère larvée qu'elle éprouvait depuis le matin l'envahir.

— Chervin, le jour où vous serez apte à émettre une pensée dont votre femme ne sera pas l'auteure, vous serez aimable de nous en avertir préalablement de façon à ce qu'aucun d'entre nous ici ne fasse de crise cardiaque…

Il y eut des rires étouffés et des regards en coin, Mme Chervin était, en effet, une légende locale.

— Madame… euh ! Madame… poursuivit-elle en se tournant vers la perturbatrice.

— Kouider ! dit l'autre, un soupçon trop aimable.

— Madame Kouider, dont le métier est justement de comprendre les arcanes et les pensées de tous ceux que la souffrance mentale pousse à commettre des actes irrépressibles et cruels, s'est donné la peine de nous transmettre des informations importantes ; je pense que si le commissaire Santini a jugé bon d'avaliser l'exposé, c'est que son expérience professionnelle et son sérieux l'ont jugé impératif. Vous prenez acte et vous évitez les propos désagréables, brigadier, ou je vous trouve un remplaçant !

— N'empêche que vous n'avez pas répondu à ma question, s'arc-bouta l'autre, avec rogne.

Et pour cause, elle en aurait été bien incapable ! Kouider le fit à sa place.

— C'est tout à fait possible dans le cas d'une personne vivant seule, maquillée, grimée, ou d'un individu âgé rentrant à Quenza de façon sporadique, un solitaire qui sort peu… Un couple de retraités qui se réinstalle en Corse après avoir quitté son lieu de vie sur le continent où l'un des deux n'était que trop connu, et l'autre, qui serait de connivence pour une raison que nous ne connaissons pas mais qui peut exister… Des jumeaux… Réfléchissez, les possibilités sont nombreuses et il suffit d'un peu d'imagination pour se rendre compte qu'il y a des infinités de combinaisons. Nous parlons là d'un petit village isolé dont les trois quarts de la population se composent de résidents ponctuels qui vont et viennent.

Ils s'interrogeaient et reconnaissaient ce que son hypothèse avait de juste.

— À la suite de la conversation que j'aie eue avec Mme Kouider, j'ai examiné la liste des résidents du village, intervint Santini et le fait est que nombre d'habitants de Quenza peuvent convenir au profil, vérifiez par vous-mêmes. Il distribua des feuilles…

Balestrini pensa que, là, il exagérait, il avait tout prévu et la mise en scène de la fausse spontanéité de la venue de sa copine était singulièrement dénoncée par la préparation dont il avait fait preuve. Il sentit son regard, sa pensée peut-être qui lui pesaient trop lourdement sur le dos et lui sourit d'un air d'excuse, avec un peu de lâcheté, de ce sourire d'homme pris la main dans la culotte, dos au mur, ne trouvant rien d'intelligent à dire. Chacun reçut sa liste et commença à la consulter.

— Ceux-là ! Les Vanucci, je les ai vus moi-même, sont mariés depuis cinquante ans ! hennit encore Chervin en mal de vedettariat…

— Vous avez recensé toute la population ? demanda Raffaëla en parcourant sa feuille.

— Je pense que la liste est incomplète, mais que c'est déjà un début d'investigation.

— Juste un truc, mais vous allez dire que j'ai mauvais esprit ! intervint encore Chervin.

Tous les yeux se tournèrent vers lui.

— Admettons que le type qu'on cherche soit le premier, là, sur ma liste, ce — il avait besoin de lunettes, car il se distendit presque le bras afin d'éloigner la feuille de ses yeux — … ce Biancarelli, on dit donc que c'est un faux ! Hein ? Alors, il est seul chez lui : toc, toc, toc ! Bonjour monsieur, c'est moi la gendarmerie, me permettez-vous d'entrer, c'est dans le cadre d'une enquête prioritaire et j'ai une rogatoire, pour savoir si vous êtes bien vous-même ! Prouvez-moi d'une façon formelle que vous êtes celui que vous dites. Je lui tire la barbe... Elle tient ! C'est une vraie ! Il a des cheveux, je tire aussi... Ce sont les siens... Ai-je le droit de tirer autre chose ?

Il mimait l'entrevue, les autres avaient de plus en plus de mal à garder leur sérieux. Le brigadier était un long et gros bonhomme dont le nez était ce qu'il y avait de plus remarquable dans sa personne, à l'exception de son crâne qui semblait avoir été conçu, tout exprès, pour le port du képi, car il avait tout de la poire inversée et l'homme insérait donc un haut de tête minuscule et ovoïde dans un couvre-chef qu'on aurait dit taillé pour un enfant.

La vérité et, là, ce bourrin de Chervin n'avait pas tort, c'était que si Santini s'était donné la peine de les prévenir préalablement, la réunion n'aurait pas tourné au spectacle de cirque, qu'on y aurait posé les bonnes questions au lieu de laisser le monopole de la parole à un type qui trouvait ses référents culturels dans les blagues « Carambar »,

La méthode Cauet ou « l'almanach Vermot ». Elle savait que les autres se demandaient, de la même façon, comment ils allaient pouvoir vérifier la légitimité des identités de façon systématique. Tout le monde commençait à perdre de vue le caractère particulièrement cruel de l'acte au profit d'une distraction qui faisait de cette réunion tout le contraire de ce qu'elle aurait dû être. On allait droit dans le mur.

Balestrini décrocha. Face à la mesquinerie ou aux manquements des autres, il existe en chacun de nous deux attitudes possibles. L'une consiste à répondre à l'attaque… La satisfaction est ponctuelle, immédiate, mais peu valorisante et rabaisse celui qui répond à l'échelon de l'autre. La seconde, qui passe par l'ignorance délibérée, la manifestation d'une indifférence jouée d'abord et finalement ressentie, est infiniment plus injurieuse. L'offensant sortant alors de la sphère des pensées pour s'ajouter à la multitude de gens qu'on voit, mais qui ont autant d'autonomie en tant qu'existant qu'une peinture murale. Enfin, en théorie !

Balestrini décida que ce traître de Santini et sa Kouider n'existaient plus. Il fallait clore cette réunion. Elle prit donc la décision de dissoudre l'assemblée et de ne garder que le commissaire et le lieutenant de gendarmerie Poggi, qui ne s'était pas beaucoup manifesté, mais qu'elle avait bien entendu rire. Les autres se dispersèrent et n'allèrent guère plus loin avant de s'esclaffer bruyamment sur le sérieux de la réunion et sur celle qui n'avait pas réussi à la maîtriser. Le rouge lui vint au front.

— Et toi, Gilbert, tu es sûr d'être toi-même ? Quoique, avec toi, on ne soit jamais sûr de rien, entendit-elle encore avant que les bruits de pas ne se soient éloignés. Santini avait pris un air dégagé pour discuter avec Kouider, attendant le signal de la reprise.

— Je vous serais obligée de remettre vos échanges à plus tard, commissaire, je crois que nous avons des « détails » — elle dilata ostensiblement le mot — dont nous devons débattre... sans Mme Kouider, jeta-t-elle gratuitement, car la psy n'avait nullement fait mine de suivre quiconque et, du reste, elle ne se priva pas de lui lancer un regard que Raffaëla jugea ironique et méprisant.

Comme tout le monde, elle devait reconnaître qu'elle se trouvait itérativement mal à l'aise en face de trois types de personnes : les devins, les médecins et les psychiatres ; tous « spécialistes » dont elle pensait qu'ils savaient sur elle des choses qu'elle préférait nettement ignorer ! Elle était dans un tel état de frustration et de colère qu'elle n'aurait guère été surprise en découvrant que de la fumée lui sortait par les oreilles. Elle claqua la porte derrière elle. Sitôt qu'ils furent « entre eux », elle s'exclama :

— Santini, je ne vois aucun inconvénient à apporter des éléments que l'on détient à une enquête, c'est même le but de notre travail, mais, que cela vous plaise ou non, vous avez une procédure à respecter. Ce que votre copine a dit est évidemment très intéressant. Mais si le lieutenant Poggi et moi-même en avions eu connaissance antérieurement à cette réunion, nous aurions pu anticiper les questions, donner des directives précises aux hommes au lieu de les laisser se disperser sur un vague discours plus perturbant qu'autre chose. Nous avons été ridicules !

Elle s'énervait toute seule et son ton montait crescendo dans les aigus tandis que Santini restait de marbre.

— Ah ! Et puis, pendant que je suis dans les reproches, je tiens à préciser que je ne tiens pas à grossir les chiffres du prochain rapport du Sénat sur le manque de collaboration entre les divers services de police. Or, vos rapports de l'enquête préliminaire montrent sans l'ombre d'un doute que vous ne vous êtes pas concertés, vous avez posé les mêmes questions, aux mêmes personnes ! Serait-il envisageable de vous voir faire preuve d'un peu d'intelligence ?

Si elle avait été honnête, elle aurait reconnu qu'elle en voulait personnellement à Santini et que son emportement n'était pas exempt d'un peu de jalousie. Mais elle avait des raisons ! Tout de même, c'était elle qui l'avait imposé sur la base de rapports complices qui remontaient à longtemps, c'était de la trahison, cette histoire !

Distante, elle leur distribua des tâches qu'ils enregistrèrent tout aussi froidement qu'elle. Elle termina en lâchant :

— Je vais faire confirmer ou infirmer les allégations de votre psy, si vous n'y voyez pas d'inconvénient, commissaire, il vaut mieux ne pas se lancer à l'aveuglette dans ce cas de figure !

— Je voudrais ne voir dans votre zèle qu'un strict intérêt professionnel ! rétorqua l'autre.

— Mais il me semble que cela va de soi, termina-t-elle sèchement.

VII

Heureusement, il y avait Ansideo ! La route du retour lui sembla beaucoup moins pénible que celle de l'aller. Elle ne parvint pas à oublier sa mauvaise humeur, mais elle fit le choix de se taire. La température était presque tropicale ce soir-là ! Aucun souffle, aucune brise, aucun alizé ne parvenait à secouer la torpeur qui avait englué tous les êtres vivants. Tous tournaient vers le sol une langueur morne et décomposée. Les odeurs sèches de poussières ignées ne se laissaient submerger ni par le soupir lointain du ruisseau, ni par le ululement d'un arroseur automatique qui s'épuisait inutilement tout près. La nuit était tombée comme une couverture, sans apporter le moindre apaisement. La lune avait-elle probablement eu trop chaud pour condescendre à apparaître. De loin en loin, on percevait des sons de vie, chocs d'outils culinaires, bribes de musique, sursauts métalliques d'une voix désincarnée par la télé… Une vie comme irréelle… Raffaëla travaillait au jardin sur les liasses qu'elle avait récupérées, se perdant dans les rapports des uns et des autres. Par ailleurs, elle avait fait un détour par la bibliothèque et prenait des notes sur le mythe d'Ulysse qu'il fallait rafraîchir un peu dans sa mémoire. Elle tentait d'établir un point commun, une concordance, entre ce que Kouider avait dit et les histoires qu'elle parcourait. Parce qu'il fallait tout de même reconnaître que la psy avait ouvert des pistes. Elle était effondrée de constater leur impuissance. Toujours aucune information sur l'identité de la victime qui semblait être tombée du ciel dans l'état où on l'avait trouvée. De plus, elle constatait que les hommes avaient fait de l'affaire une véritable chasse au trésor personnelle dont ils espéraient tirer publicité et avancement, car aucun d'entre eux ne communiquait quoi que ce soit aux autres. Les rapports se succédaient pour dire la même chose dans le même style administratif laborieux qui lui faisait cligner les yeux d'ennui.

Elle avait pris ses habitudes dans la maison à la 4L qui semblait être apprivoisée et adoucie. Même quand elle devait descendre à Ajaccio, elle refaisait la route de nuit pour remonter à Quenza, écoutant durant le trajet ce que proposait capricieusement le méli-mélo de radios plus ou moins brouillées par les émetteurs sardes trop puissants recouvrant les chaînes locales ou continentales qui peinaient à rivaliser. Elle s'agaçait de perdre des mots quand une émission l'intéressait, de se retrouver brutalement sur sa faim, mais il en allait des ondes comme de l'électricité : on en subissait sur l'île les caprices sans pouvoir y faire grand-chose !

— Je m'inquiète des perturbations que j'apporte dans ta vie ! avait-elle dit un jour à Ansideo, craignant que sa présence ne l'empêchât d'écrire comme il le souhaitait. Car elle ne le voyait jamais faire, pas plus qu'il n'en parlait. Elle n'avait jamais vu traîner la moindre feuille. Elle n'osait poser la moindre question de peur de rompre la suavité qui existait entre eux, mais elle n'était pas dépourvue de curiosité.

— Tu m'inspires, au contraire ! avait-il répondu.

Il venait d'apporter un plateau chargé d'une marmite qui fumait agréablement, accompagnée de vaisselle et de pain, le tout en équilibre précaire. Elle s'empressa de débarrasser et de céder la place, fourrant tout ce qui l'entourait dans un vieux cartable de cuir plein de vergetures et de boursouflures d'avoir accouché de trop d'enquêtes lourdes et difficiles.

— Qu'est-ce que c'est ? demanda-t-elle avec gourmandise.

— Des tripettes corses faites par le boucher, c'est délicieux, répondit-il avec une lueur de plaisir dans les yeux.

Elle avala la grimace qui lui montait aux lèvres. Par cette chaleur ! Des tripettes ! Curieux choix ! Enfin, il fallait peut-être combattre le mal par le mal, qui savait ? Son inconscient lui jouait des tours, de ceux qui la renvoyaient aux guirlandes d'entrailles entourant la victime... Ne surtout pas penser à ce genre de choses, rester dans la réalité, ne pas se laisser couler dans la pensée nauséabonde du tueur.

— Tu n'aimes pas cela ? demanda-t-il en débouchant le vin.

— Si ! Si ! Aucun problème, c'est le boulot qui me perturbe, rien de plus !

Elle se força laborieusement à sourire.

— C'est fou de piétiner à ce point-là ! D'un geste plein de courage, elle trempa un morceau de pain dans la sauce épaisse et sombre qui semblait habitée d'étranges asticots ! *Je deviens complètement folle...*

Ils mangèrent en silence, un crapaud amoureux hurlait sa solitude au loin et le silence, entre deux cris, semblait aussi dense que la sauce.

— Tu ne m'as jamais demandé de quoi je vivais ! affirma-t-il tout d'un coup sans autre préambule.

Elle leva un sourcil surpris.

— J'ai cru que tu ne voulais pas en parler. Je respecte le silence de ceux que j'aime ! répondit-elle un peu interloquée.

Il ne dit rien, la regarda comme pour la peser, la soupeser, resta songeur, la regarda encore...

— J'écris... Je veux dire que j'écris des livres, je suis romancier.

Elle ne bougeait pas, de peur d'interrompre la confidence. Devait-elle lui avouer qu'elle savait ? Elle choisit de se taire.

Les tripes se figeaient dans la sauce orangée qui se couvrait d'une pellicule blanchâtre un peu nauséeuse et triste comme un lendemain de fête.

— Vois-tu, il y a divers chemins qui mènent à l'écriture, le mien — il laissa passer une longue pause — ... le mien est né de la douleur et de l'isolement.

La voix qu'il avait à ce moment portait une part surprenante d'obscurité, comme s'il peinait à délivrer, là, la part la plus intime de lui-même…

— J'étais un enfant solitaire, j'avais peur des autres, de moi-même aussi, je ne les aimais pas, ils ne m'aimaient pas. Très tôt, j'ai ressenti la nécessité d'avoir deux mondes… celui que je subissais et celui que je choisissais.

La nature s'émouvait autour d'eux, attentive elle aussi ou alors leur sensibilité exacerbée leur faisait-elle percevoir ce que, quelques minutes plus tôt, ils n'entendaient pas. Raffaëla n'osait ciller, craignant d'enrayer l'aveu, cadeau inespéré d'une osmose naissante et qu'elle n'aspirait pas à obtenir aussi rapidement. Elle avait envers l'acte d'écriture un sentiment de vénération aussi irrationnel que réel et, ce, d'autant plus qu'elle était incapable d'inventer une ligne qui n'ait pas de vocation directe à l'utile et au concret. Une part de l'amour, il fallait bien l'appeler ainsi, qu'elle portait à Ansideo était née de l'empathie qu'elle avait pour ses écrits. Elle avait connu la pensée avant l'homme et la fusion des deux avait un caractère transcendant. C'est pourquoi le fait qu'il se donnât le mal d'expliquer, pour elle, le processus mystérieux de la création lui paraissait un présent inattendu.

— Je n'ai pas connu d'autres modes d'expression ni d'autres temps de bonheur que ceux de l'écriture et cela jusqu'au moment où, succès aidant, je suis passé de l'ombre à la lumière. Comme si, d'un coup, j'étais devenu un autre homme. Comme si tout le monde voyait en moi quelque chose de nouveau qui n'existait pas auparavant alors que, cependant, j'étais si terriblement semblable. J'ai été un enfant timide, un adolescent effacé, écrasé par la personnalité de ceux, plus forts que moi, qui m'entouraient ; du jour au lendemain, ma vie a été bouleversée, je suis devenu quelqu'un qu'on recherchait... Il laissa encore planer le silence comme s'il peinait à faire le tri dans les souvenirs qui remontaient à la surface, en foule, et sans autre raison que l'heure trop douce et le ciel trop noir.

— Cela a dû te faire plaisir d'être reconnu, apprécié, d'apparaître au grand jour ? demanda-t-elle doucement.

Il eut un curieux sourire sans joie.

— Oui ! Le grand jour ! La lumière... Ce n'était pas vraiment ma place.

Il se tut, se servit de vin, but en fixant son verre.

— Il y a quelque temps, cela m'est tombé dessus brutalement, il s'est passé quelque chose de… Disons qu'il y a eu une rupture dans mon existence et je n'ai plus pu écrire une ligne, plus une… Rien à faire… Plus une ligne…

Il s'enfonça en lui-même comme dans un marécage, elle eut le sentiment physique de le voir naufrager et, malgré son attente, il ne reprit pas la parole ; elle pensa qu'il valait mieux en rester là pour le moment, laisser les ombres retourner aux ombres… Il lui emplit de nouveau son verre et, parce qu'elle voulait se donner une contenance, une attitude, elle en avala le contenu. Il y avait comme une lourdeur dans l'air, comme un poids un peu visqueux, une fatigue des animés et des inanimés qui empêtrait tout et s'affaissait sur eux, ralentissant la pensée et le mouvement. *Je suis un peu ivre*, pensa-t-elle, touchée qu'il se soit confié et sachant qu'il le ferait probablement encore… Le ferait-il encore ? Mais, de toute façon, pas ce soir. Il était trop tard, trop humide, trop chaud pour les mots, quels qu'ils soient. Elle se leva et l'enserra dans ses bras avec tendresse. Ils rentrèrent. Elle se dit, au cours de cette nuit, qu'elle ne pourrait plus envisager la vie sans cet homme-là et s'endormit comme un engloutissement.

Le parfum du café avait répandu ses tentacules odoriférants dans toute la maison, elle se réveilla avec un sourire d'aise et le rejoignit à la cuisine. Il portait un jean et un polo noir et s'activait devant le grille-pain. Elle fut émue de sa barbe naissante, des cernes qui encadraient ses yeux, le trouvant plus beau d'être si émouvant. Il avait les épaules rentrées comme un homme fatigué, un peu triste, prisonnier des zones d'ombre et des coins obscurs, des placards pleins de toiles d'araignée qui avaient commencé à s'entrebâiller. Elle fit des vœux et les lança au ciel.

De son côté, elle n'avait jamais eu la possibilité, faute de temps, de disponibilité d'esprit aussi, d'arriver à un état de confiance qui lui permettrait de se livrer. La profession qu'elle exerçait n'était pas un hasard; c'était, d'une certaine façon, le meilleur remède qu'elle ait trouvé pour domestiquer ses démons intérieurs. En assurant la loi, en veillant à son respect, elle se trouvait obligée de la respecter aussi... La frontière, quelquefois, est si mince entre la raison et la folie.

Le téléphone sonna alors qu'elle entamait sa tartine.

— Hein ? Oh non !

Ce que Ansideo, surpris par sa voix, vit dans ses yeux, était l'insondable de l'Enfer ouvert en elle.

VIII

Il était attaché au totem de fer forgé à fines volutes dressé devant les châtaigniers centenaires. Derrière lui, une animation à base de tableaux et d'objets utilitaires, dont une vaste poubelle, accentuait l'incongruité de la scène. Le corps attaché n'avait ni tête, ni mains, ni pieds. Les extrémités, proprement découpées, avaient été cautérisées au feu. De loin, on n'apercevait qu'une silhouette semblant appuyée à l'œuvre qui avait pris de cette adjonction supplémentaire un caractère de goétie, tribal, antique et cruel. L'ombre des arbres elle-même en semblait changée, comme si les habitations tout autour avaient disparu pour laisser place aux rites primitifs qui peuplaient les vastes étendues forestières de l'aube de l'humanité. Les premiers arrivants, témoins et gendarmes, restaient muets et personne ne parvenait à dissiper cette pesanteur qui les affligeait tous.

Elle savait, dès le début, qu'il allait recommencer, elle savait que le premier cadavre n'était que le messager lugubre d'une série d'ombres qui réclameraient justice et elle n'avait rien su faire, rien su prévoir. Il y eut le va-et-vient vaguement rassurant des scientifiques, les photos, l'enlèvement du corps, suivi du rassemblement dans les locaux de la mairie de son équipe convoquée au grand complet. Tous baissaient le nez, conscients que leur distraction des jours précédents avait peut-être eu des conséquences funestes pour le pauvre type accroché dehors cette nuit-là. Vite, ils se lancèrent dans les rues pour interroger la population et mettre la main sur un éventuel témoin. Ils s'attachèrent à faire beaucoup de bruit et de remous afin de masquer le mieux possible la vacuité de leurs résultats. Enfin, il y eut ce fameux moment où elle se retrouva seule avec Santini.

— Il faut voir le bon côté des choses ! dit celui-ci, ce cadavre sera peut-être moins muet que l'autre ; à partir du moment où on peut l'identifier, on progresse…

— On a été de vraies nullités sur ce coup-là, Santini, et vous le savez aussi bien que moi.

On s'est laissé dépasser par nos petits sentiments personnels au détriment d'une enquête particulièrement ardue et le résultat est un second cadavre. J'ai des rapports qui ne *se doublent pas*, mais qui se triplent tant les hommes sont incapables de collaborer entre eux, tant les ordres que nous leur donnons sont flous. Nous n'avons pas le début du commencement de quoi que ce soit ; ce bled est un trou et pourtant personne n'a rien vu, c'est à n'y pas croire.

— C'est la Corse ! répondit l'autre avec un fatalisme byzantin.

Santini se présentait sous les traits d'un quinquagénaire vigoureux et très grand, aux épaules légèrement dissymétriques, portant beau, coiffé d'une abondante chevelure encore noire et dont les yeux, profondément enfoncés derrière des arcades en cantonnière, fixaient le monde avec une petite lueur triste qui n'était pas sans charme. Il donnait le sentiment de penser intensément, de dire peu... Il mit la main sur l'épaule de la juge qu'il dépassait de vingt bons centimètres.

— On fait un métier où la culpabilité n'a pas le droit de trouver sa place, surtout si elle est paralysante. Vous vous laissez submerger, là ! C'est un fou qui est passé à l'acte, pas vous !

Elle se dégagea d'un mouvement sec ; pour qui il se prenait, celui-là !

— Je retourne à Ajaccio voir le « proc », vous avez quelque chose à rajouter ?

Non, il n'y avait rien à ajouter. Elle laissa la porte se refermer.

L'entretien dans le bureau du procureur fut cinglant et bref : elle avait un minimum de temps pour fournir un maximum d'informations, la psychose gagnait ; les maires s'inquiétaient d'un flot touristique qui risquait de se tarir, une chanson qu'elle aurait pu chanter toute seule et qui était largement plus aigre dite par un autre, surtout cet autre-là. Il était vraiment en colère, elle se consola en se disant qu'un clone de sa petite personne médiocre, mais situé à un échelon supérieur, avait dû lui passer un savon similaire et qu'il n'avait pas aimé. Longtemps ceux qui passaient encore dans la rue à cette heure purent voir les reflets de sa lampe de bureau sur la vitre, car, de fait, elle éplucha des documents jusqu'à potron-minet.

Santini avait un appartement dans la ville médiévale de Sartène où il travaillait et il n'était pas trop heureux non plus en rentrant ce soir-là tardivement. Elle n'avait pas tort, Balestrini, ils n'avaient pas été assez sérieux sur cette affaire, les hommes en faisaient un peu trop à leur guise. Ils ridiculisaient leurs supérieurs. On se moquait de lui derrière son dos. Il n'appréciait pas cela. De plus, lui-même s'était embourbé avec sa psy ! En réalité, il avait voulu parader, faire le beau et, il en avait conscience, la véritable supériorité n'a pas besoin de ces simagrées. Il avait beau savoir que la belle Chantal Kouider l'attendait depuis des heures chez lui, il avait refusé de répondre à ses appels, pas plus qu'il ne rentrait. Pas faux qu'il ait fait son coq avec elle devant la petite. De celle-là, il avait nettement eu l'impression quelque temps auparavant qu'elle n'était pas insensible à son charme, qu'il ne se serait pas fallu de grand-chose pour aller de l'avant. Mais non ! Non seulement il n'était arrivé à rien, mais les bruits de couloirs lui apprennent qu'elle le choisit, qu'elle le veut lui pour l'enquête et, quand ils se retrouvent, elle est froide comme une truffe de chien qui rentre de la chasse. Alors, il lui exhibe Chantal, *veru*, ce n'était pas sérieux. Il aimait à penser d'ordinaire qu'il valait mieux que les autres, il n'était pas sans cultiver une légère mégalomanie, il ne s'aimait pas en bouffon.

Il s'arrêta sur la place de l'église au Bien-Assis. Tout était fermé, mais Thomas était encore là. Il eut un accès de nostalgie en se demandant ce que serait une vie sans ces seconds domiciles accueillants que sont les bars. Le patron lui plaça un pastis sur la table sans qu'il demandât rien et lui dit :

— *Nun, va bè ?*

— *Innò !*

— L'affaire de Quenza…

— *Iè !*

— Ah !

Thomas ne demanda rien de plus, ce n'était pas dans ses manières, il s'enquerrait d'un ami mais n'était pas inopportun ni indiscret. Il laissa Santini contempler les lueurs de la nuit dans les miroitements de son verre tandis que Kouider, affalée sur son canapé, se vengeait en torchant un « Alex Corton » de sa réserve personnelle. Ce n'était pas une femme qui aimait subir ! Le retour serait faste, mais était-il obligé de rentrer ? Comme tout célibataire qui se respecte, il craignait pour son appartement, il n'avait pas tort, mais il fit quand même longuement traîner les choses et puis rentra cependant quand l'église se perdit dans les draps de l'obscurité, passant sous la lourde porte d'enceinte et s'enfonçant dans les ruelles et les venelles, avant d'emprunter un petit escalier sans rambarde qui menait à une très vieille porte de bois ornée d'une main de bronze. Tournant la clef avec un soupçon d'appréhension — elle avait du caractère, la psy, il aurait du mal à lui faire comprendre que son temps était fini —, il ouvrit le battant : pas un bruit ! Après cette barrière, votre ticket n'est plus valable...

Mais il avait tort de s'inquiéter, elle était partie. Les meilleures bouteilles de sa cave aussi. Ainsi qu'une ou deux chemises « Ralph Lauren » et ses deux pulls en cachemire. La salope !

Le rapport parvint avec célérité. La victime était un homme d'environ cinquante ans, probablement mort d'avoir été décapité. Il avait perdu peu de sang compte tenu de cela, mais, en plus, les blessures avaient été brûlées avec un cautère presque comme si chaque amputation avait été faite par une lame chauffée à blanc. Le rituel macabre n'avait pas pour but ni la torture ni la mort, mais on avait trouvé dans les vêtements un billet en grec dont la traduction parvint presque immédiatement par fax de la « Scientifique » :

Mais je veux, ami, t'interroger sur cet étranger.
D'où est-il ? De quelle terre se vante-t-il de sortir ?
Où est sa famille ? Où est son pays ?
Apporte-t-il quelque nouvelle du retour de ton père ?
Est-il venu réclamer une dette ?

Son identité, pour l'instant, était inconnue, mais il était flagrant que le meurtrier ne s'était pas donné le mal de l'anonyme, car les effets dont le corps était encore revêtu étaient luxueux, ils portaient encore leurs étiquettes et il devrait être possible de retrouver les traces de leur propriétaire dans les boutiques auprès desquelles les achats avaient été enregistrés. De plus, on lui avait laissé sa montre, on s'était même donné le soin de la remettre dans sa poche. Elle portait une inscription :

« *Au meilleur des amants, à toi !* ».

Santini consulta les feuillets imprimés. Quelque chose bougeait en lui parce que, sans savoir pourquoi encore, il avait l'impression que, cette fois, le factuel allait parler. Qu'on avançait ! Il rassembla ses collègues. Il avait passé les documents à la photocopieuse et chacun avait devant lui un exemplaire.

L'équipe se composait d'un capitaine, André Matteucci, de deux lieutenants, Serge Ricci, Antoine Capon, et d'un lieutenant stagiaire, Sandra Salvatori. Les effectifs avaient tourné à la suite de quelques mutations ; il s'agissait donc de leur première grosse affaire ensemble. Ils s'assirent dans la salle de réunion et se plongèrent dans la lecture. Enfin… plutôt tentèrent-ils de le faire, car le capitaine Matteucci avait un léger problème : il souffrait d'anosmie consécutive à un combat de rue à Marseille qui lui avait endommagé la lame criblée. Il ne sentait rien, ni en mangeant, ni en buvant et rien au monde n'avait pour lui d'odeur. Sa femme l'avait quitté, car ce trouble avait eu pour conséquence de lui faire perdre toute libido. Depuis, il ne se lavait plus et ne prenait plus aucun soin ni de lui-même ni de son appartement. Il portait donc sur lui une odeur pestilentielle sans qu'il en soit le moins du monde incommodé. Il avait essuyé toutes les blagues possibles qui allaient de son absence de flair à l'impression qu'il produisait. Ce n'était plus son affaire. Il luttait contre une dépression quasi permanente, n'avait, au sens propre, de goût à rien, mais il compliquait considérablement la vie des autres, car une surveillance, une planque avec lui, était impossible et partager sa voiture aussi risqué que de tomber dans une poubelle. Il pleurait en mangeant, ne se mouchait jamais et disait qu'il se suiciderait si on l'obligeait à se mettre en arrêt maladie, ce que personne n'avait de peine à croire.

Là, il avait l'œil sec et semblait plutôt heureux d'avoir une cible pour canaliser une énergie par ailleurs débordante. C'était un homme de quarante ans qui, s'il avait été net et soigné, aurait eu du charme, mais que les répercussions conjuguées du manque de soin et de l'alcoolisme dans lequel il sombrait rendaient repoussant. Il relut à plusieurs reprises le document et annonça :

— Le type, je sais où il achetait ses fringues !

Les autres le regardèrent, en saisissant le descriptif des vêtements.

— Vous savez que chaque boutique prend une licence sur certaines marques ou sur une collection, pas sur tous les labels, on est d'accord ? Or, regardez, il porte un polo beige « Prada » et un pantalon beige « Hugo Boss », une ceinture beige de la même griffe, les trois sont assortis, donc ont probablement été achetés ensemble ; à Sartène vous ne trouverez pas ces deux marques dans le même magasin, à Porto-Vecchio non plus, à Bastia les deux marques sont vendues boulevard

Paoli. Je connais bien le patron et c'est son style, ça, le total beige, je suis sûr que ça vient de là-bas. Autant le mec n'était pas de Quenza, il y venait comme ça, de temps en temps... Et l'autre aussi, voire même un continental, allez savoir !

Les autres étaient médusés que ce soit ce container à ordures ambulant de Matteucci qui connaisse les bons fournisseurs ; cela ne criait pas à l'œil, c'était le moins qu'on puisse dire. Il leva le nez de ses papiers et comprit tout de suite de quoi il retournait !

— Est-ce qu'on se connaît seulement vous et moi ? On a été potes ? Je crois pas, non ! lâcha-t-il. Je vous rassure, je vous sniffe aussi peu que vous le faites pour moi. Sachez cependant, messeigneurs, que j'ai été étudiant à Corte durant presque neuf ans et j'étais un vrai *pezzu*, un bloc de compétition !

Ricci se mit à siffler avec un air entendu. Corte, il ne connaissait que cela ! Ses bars majeurs, *L'Oriente*, *L'Aventure*, le *Rex*, le *Corsica*, le *Café de France*, ses bars mineurs, la frasque lâchée comme si rien ne valait rien, les filles, les cartes et l'alcool... Ah... Corte !

Incapables de s'arranger entre elles et de laisser la prééminence à l'une ou à l'autre, Bastia et

Ajaccio avaient fait en sorte que l'université se trouvât à mi-chemin des deux villes, ce qui les arrangeait, mais, de la sorte, avait placé le centre d'enseignement à des distances considérables de toutes les autres agglomérations corses. Ces distances s'aggravaient par l'état des routes qui, bien que s'améliorant, n'était pas encore le gage de parcours de plaisir. La ville en elle-même était une petite enclave nichée entre deux mamelles rocheuses, traversée par deux cours d'eau, ne comportant qu'un cours principal bordé de bars, et une université toute neuve servant d'alibi à la jeunesse du cru qui s'échappait le lundi du giron familial pour y aller dépenser un maximum d'argent en un minimum de temps. Ils y accumulaient les symboles partout où ils pouvaient en exhiber, comme si cette collection de logos était le seul palmarès qu'ils soient venus recueillir en ces hauts lieux de savoir. On y roulait beaucoup plus vite et beaucoup plus mal qu'ailleurs, on y parlait un corse lourd sur les chuintantes et les gutturales, on y matait les filles avec des regards entendus... Dire qu'on avait été un *pezzu* à Corte valait tous les diplômes en connaissance vestimentaire. Ses collègues espéraient cependant que Matteucci n'avait pas fait son droit là-bas, par contre, ce qui aurait été beaucoup plus problématique.

— Bon, tu t'occupes de ton vendeur ! lui dit Santini, amusé en pensant à la tête qu'allait faire le « chic'issime » préposé du magasin devant l'aspect de leur collègue qui risquait fort de faire tache — au propre comme au figuré — dans ces lieux élégants…

— Mais si la victime avait de l'argent, il peut aussi bien avoir fait ses achats dans une boutique du continent : n'investissons pas trop d'espoir sur cette piste.

Ils replongèrent dans le dossier.

— Le message est terrifiant ! dit la jeune Sandra, parle-t-il de lui ? Désigne-t-il quelqu'un d'autre ? Il a choisi un autre extrait de *L'Odyssée* où le mot « *vengeance* » tient la place essentielle.

Ils se reportèrent à la même page.

— Le premier mot c'est : « *étranger* » ! Se désigne-t-il de la sorte ? Ou bien s'agit-il du mort ? continua-t-elle.

— Je pense qu'il s'agit de lui ! On a tout là : on ne sait pas qui il est !

— Je vous rappelle qu'à un moment de son histoire, quand il tua le cyclope Polyphème, Ulysse se fit appeler « *Personne* » —; notre homme nous dit qu'il revient de loin pour réclamer quelque chose et se venger... Cela colle parfaitement, mais on peut aussi le prendre dans l'autre sens, celui qui est mort est quelqu'un revenu pour réclamer quelque chose et qui n'a trouvé que la mort... On ne pourra éclaircir ce point que quand on connaîtra l'identité de la victime.

— En tout cas, on sait quelque chose, c'est que notre *Nimu* est un lettré qui écrit le grec !

— Il ne l'écrit peut-être pas, il l'aura recopié ! s'exclama Ricci. Tu sais, avec internet !

— Le texte est écrit à l'encre, il y a des décolorations typiques, regardez : maîtriser les lettres grecques à la main, si on recopie, ce n'est pas évident d'autant qu'il écrit légèrement penché ; non, moi je dis, recopiage, peut-être, mais par quelqu'un qui s'y connaît.

— Vous n'avez pas tort, je partage votre avis, appuya Santini qui examinait sa photocopie à la loupe en songeant *qu'il se la ferait bien*, la petite Salvatori, parce qu'elle n'avait pas seulement la tête mais aussi de fort jolies jambes ; l'ennui, c'était qu'ils travaillaient ensemble et qu'il était payé pour savoir combien les relations personnelles dans le boulot compliquaient la vie ! Il fallait reconnaître que ce n'était pas simple d'avoir une vie sexuelle pour un célibataire comme lui dans ce trou ! *Porca Madonna de Cristinacce*, jura-t-il intérieurement sans en avoir honte ; maintenant que Kouider avait disparu de sa vie, il était seul, il allait devoir se remettre en chasse. L'expression « *Porca Madonna de Cristinacce* » lui venait de son père qui avait rencontré sa mère, petite fille de Marie à la procession de la Vierge, un 15 août lointain où ses pas l'avaient mené vers ce charmant village et auquel il n'avait vraisemblablement jamais pardonné puisque, sur son lit de mort, il le proférait encore. Il secoua la tête comme pour en faire tomber les parasites qui amenuisaient sa concentration.

— Je penche également pour le lettré ; de plus, ce meurtre est terriblement sophistiqué, il répond à un rituel d'intellectuel. Le tout est de savoir lequel !

— Si on cherchait dans le livre d'Ulysse, dit Matteucci, autant... il aura fait des travaux, un truc de super-héros, ce genre de choses qui nous donnera une piste !

Ricci et Capon effacèrent de leurs visages le sourire qui venait d'y naître. Vrai, si leur collègue avait été à l'université, ce n'était pas de la culture qu'il en avait ramené. « *Un truc de super-héros* », mieux, on ne pouvait dire !

Santini avait « tilté » lui aussi :

— Ulysse, il s'est contenté de se perdre et de payer le fait de ne pas s'être laissé dévorer par le fils de Poséidon, le cyclope Polyphème qu'il a tué… Ensuite, il a erré de port en port, d'île en île, avant de rentrer chez lui et d'occire les prétendants. Son aventure, c'est tout simplement *L'Odyssée* ! À part cela, c'est l'histoire de la plus belle injustice qu'on ait jamais commise et cet Ulysse, il a fini par retrouver ce qu'il avait perdu, je sens qu'on va s'entendre, *veru se u asinu !*

— Ben, va falloir lire ce truc, alors ! murmura Matteucci fataliste. Et même pas vexé. Il n'avait pas tort.

— Toujours pas de témoin, c'est incroyable, alors que c'est tout petit, Quenza ! tempêta Ricci en faisant défiler les feuillets.

— Et toujours pas de tête, mais, en plus, pas de mains, pas de pieds… mais c'est une indication, cela… le premier est écorché, le second est décapité et cautérisé, Matteucci n'a pas tort, on va s'éplucher *L'Odyssée*.

IX

Santini, *veru*, il ne la sentait pas, cette enquête. Lui, jusqu'à présent, avait dû faire face à des rackets, des meurtres de bars ou de petits malfrats, des drames entre époux, des vols, des plastiquages, bien qu'on leur confiât peu ces avatars régionaux : les différentes brigades aux sigles de plus en plus obscurs tombaient dessus comme des rapaces sur de la charogne. Bouillonnements agressifs des sucs digestifs d'un estomac social en digestion de ses inadaptés, situations cruelles, certes, mais normales dans leur désordre. Ces délires d'intello disjoncté, il n'avait pas envie de s'y impliquer. *Se sente male.* Il y avait comme un gouffre qui se creusait en lui quand il y pensait... Il faisait son travail de son mieux, ne marchandait pas sa peine, avait fait preuve de belles intuitions pour de la criminalité ordinaire. *Avà basta !* De plus, ces derniers temps, il ne se sentait pas bien. Il avait des étourdissements, des pertes de mémoire qui le laissaient hagard sur le bord du chemin de sa propre vie, il était fatigué et tout cela l'ennuyait. Il se demandait s'il n'allait pas changer de voie, trouver comment survivre ailleurs, devenir pêcheur, peut-être ? Il faut se lever tôt quand on est pêcheur ! Il n'aimait pas se lever tôt. Tiens, il allait ouvrir un bar, c'est bien, un bar !

Il était tard quand il arriva devant sa porte ce soir-là encore. Gato l'attendait. Le chat blanc se frotta en ronronnant sa satisfaction de voir arriver son dîner et il fut le premier à passer le seuil. Il avait une apparence horrible de tous les combats qu'il avait menés aux périodes de reproduction : œil crevé, cicatrices multiples, claudication de la patte arrière, mais il restait un animal élégant et original que le commissaire aurait beaucoup aimé s'il avait été capable de s'investir affectivement dans qui que ce soit ou quoi que ce soit. Souvent, il se disait qu'entre eux, il y avait une forme de mimétisme et que si lui n'avait pas eu d'œil crevé, c'est que ceux contre qui il s'était battu avaient été moins rapides que lui, mais cela aurait pu arriver. L'appartement était d'un ordre méticuleux, un appartement où les objets étaient à l'exact endroit où ils se devaient d'être… Pas un coussin de canapé qui ne tienne la place précise qui lui avait été attribuée. Il servit la pâtée, rinça la cuillère, se versa un pastis avant d'emmener le verre sur la terrasse qu'il avait aménagée au-dessus de son appartement. On s'y rendait par un escalier à hélices dont on jaillissait au centre d'une aire d'environ quarante mètres carrés, disposée comme un jardin, avec orangers et oliviers en pots, thym et romarin en bacs, hamac, coussins et table basse. Son havre. Le mal de tête lancinant qui l'avait affaibli toute la journée l'y poursuivit encore. Il ferma les yeux. La lune était pleine et faisait de la nuit un velours pesant.

À Quenza, tout était trop blanc ou trop noir, tout était comme vitrifié. Aucun des filaments brillants de la cage à vent ne produisait le moindre mouvement. Un rat fila à toute vitesse, poursuivi par son ombre noire, il y eut un bruit fugace. On avait restauré la tête du « Minotaure » et il montait à présent la garde au milieu des siens, tendu, aux aguets, prêt à se lancer d'une détente de ses cuisses musculeuses. À l'intérieur du château, on entendait des coups, faibles, si faibles que seuls les faunes pouvaient les percevoir. On s'activait là-bas… Sans nul doute, la maison était possédée.

Alors, sauvagement, les six faunes, ici assis, souriaient.

Balestrini avait travaillé tard après avoir reçu les documents issus des diverses sources ; elle était arrivée aux mêmes constatations que Santini et consultait *L'Odyssée* sur le net en tentant de retrouver au sens propre, ou en termes de métaphore, un écorché et un décapité… Mais elle n'avait rien vu. Le petit jour la surprit encore à son bureau, les yeux douloureux et larmoyants, effondrée d'avoir si peu avancé car *L'Odyssée* est tout de même un impressionnant « pavé ». Elle se redressa.

Elle reprit le dossier et relut le rapport d'autopsie. Au moins, les légistes avaient la certitude absolue que la victime n'avait pas été amputée vivante, c'était déjà une maigre consolation… Elle rejeta ses cheveux en arrière et de ses doigts se massa le cou. Elle avait encore à faire ici, elle ne remonterait que le soir à Quenza, il faudrait qu'elle prévienne Ansideo quand viendrait une heure décente… Bien qu'elle s'en défendît, elle sentait chaque jour ses défenses tomber, son âme s'affoler devant la douceur et la tendresse qu'il montrait.

Il lui manquait à présent et cette nuit passée sans lui la lestait plus que son poids de fatigue. Foutue enquête, foutu boulot ! Elle avait rendez-vous à Sartène dans la soirée avec Santini ; cela lui prenait la tête, elle ne pouvait plus le souffrir, celui-là ! Quelle idée elle avait eue de le demander sur cette affaire ! Sa mauvaise volonté était évidente. En remontant dans un passé pas trop ancien encore, elle se rappela ce repas qu'ils avaient pris au *Napoléon*, après avoir longuement fait traîner l'apéritif à la terrasse, en regardant passer les élégantes, et cette tendresse qui lui était venue à l'égard du commissaire. Le repas avait été raffiné et charmant, il ne s'en était pas fallu de beaucoup pour qu'elle le ramenât chez elle, ce soir-là, lui. Un cheveu qui prit la forme de ce regard trop appuyé sur la chute des reins de la jeune femme devant eux… Dans la vie de ce type, il n'y avait que des aventures sans lendemain, il était instable comme un peroxyde, son charme était un feu d'artifice, montant très haut, pour se perdre dans le vent… Elle l'avait laissé devant la porte sans trop savoir pourquoi. Ensuite, ils s'étaient croisés à plusieurs reprises, avec cette douceur amère des gens qui savent plaire et qui en jouent en s'égratignant un peu. Jusqu'à Kouider !

Ah ! On pouvait dire qu'il l'avait montré au grand jour, son visage de fourbe, *Brandiziu* Santini. *Brandiziu*, est-ce qu'on s'appelle seulement comme cela ? En plus, il en était fier, cet imbécile, de ce prénom stupide qui signifiait brillant, éclatant ! ÉCLATANT SANTINI ! On rêve !

Impossible de fermer un œil dans ce maudit hamac cette nuit-là, entre les miaulements du chat, les moustiques et l'excès de pastis qui lui avait fait la grosse tête ! Alors, il se mit à gamberger... Il savait que Balestrini habitait chez un des villageois, un type d'environ cinquante ans qui avait fait un héritage. Il s'était renseigné, comme cela, juste pour savoir. Pas parce qu'on est un homme que les *puttaghji* ne vous plaisent pas, hein ? Il s'était toujours demandé pourquoi la petite juge ne l'avait pas invité à monter, un certain soir. Il lui en voulait sourdement, une vieille rancœur, une vieille dette. Parce qu'il était sûr que d'elle, il ne lui aurait pas été difficile de tomber amoureux. De plus, il y a des gens dont on veut, moins que quiconque, qu'ils prennent ce que vous convoitez ; même pas corse, le type ! Il arrive et, pour lui, c'est cuit. Il ne luttait pas contre la sourde rancune qui lui inondait l'âme.

Dans le parc abandonné, la lune se lavait le visage d'un nuage qui passait et son clair-obscur sembla faire bouger les statues. On eut dit qu'elles hurlaient en ouvrant en grand des gueules épouvantées.

Ce fut le téléphone qui fit tomber Brandiziu de son perchoir, car il avait fini par s'assoupir. Il jura et récupéra le cellulaire sur la table. Le numéro ne lui apprit rien.

Est-on à même de ressentir des émotions identiques selon qu'on se lève pour aller faire cuire le pain qu'on a pétri ou qu'on s'en aille planter des rosiers dans la terre humide, qu'on endosse son costume de banquier ou encore qu'on porte avec soi la gamelle de son déjeuner de midi, sachant qu'une longue journée de fatigue se précise au-delà de la lueur tremblante et grise d'un horizon encore mal réveillé ? Le fait était que la première pensée cohérente qui imprégnait Santini tout comme Balestrini, qui les fédérait en quelque sorte dans un univers commun, était cette forme de culpabilité et de frustration générée par leur métier, cette difficulté qu'ils avaient à concilier la vie ordinaire en marge de leurs enquêtes. Ainsi, quand Brandiziu prit durement contact avec le sol de sa terrasse après quelques heures d'un mauvais sommeil, ne pensait-il qu'à cela ! Que s'était-il encore passé ? Il vit à l'heure de son portable qu'il était plus tard qu'il ne le pensait et que ses collègues, pour certains, s'étaient déjà mis au boulot. Il décrocha, écouta, acquiesça et descendit à toute allure les escaliers périlleux qui le ramenaient à l'appartement. Il prit une douche expéditive et fila à toute vitesse à l'hôtel de police. Il avait toujours mal à la tête. Ricci l'attendait. Il tenait à la main un fax dont Santini se saisit à la volée sans même poser le cartable dont il se départissait rarement.

— Ah ! Enfin !

Le cadavre avait été identifié par Matteucci qui, ayant filé à Bastia la veille même, avait rencontré le vendeur qu'il connaissait attablé place Saint-Nicolas dans un restaurant où il avait ses habitudes. Les deux hommes avaient eu une longue conversation et Valli, l'employé, s'était parfaitement souvenu de l'ensemble beige qu'il avait vendu à un habitué, un client de longue date. Il connaissait tous ses clients par cœur. Celui-là était un certain Jules Pietri, propriétaire d'un restaurant qui marchait plutôt pas mal en ville, bien qu'il soit originaire de Quenza où il retournait souvent quand ses activités professionnelles le lui permettaient. L'homme, un quinquagénaire, était divorcé car, très porté sur les femmes, il n'avait pas de compagne attitrée et la fille qu'il avait eue de son premier mariage ne venait le voir que de loin en loin. Il avait mis un gérant et un maître d'hôtel en place au restaurant et n'apparaissait que de façon sporadique ; il était donc logique, d'une certaine façon, que personne ne s'inquiétât si tôt de sa disparition. Le fichier d'état civil concordait avec la fiche anthropomorphique du cadavre sur l'âge et la taille du corps. Cette découverte était une avancée considérable dans la mesure où elle donnait enfin un point de départ à l'enquête. Le commissaire fut ravi de pouvoir téléphoner à la juge. À bien considérer la voix de celle-ci, elle avait encore moins dormi que lui. Sa satisfaction s'entendit à son timbre — pourquoi suis-je aussi dépendant de l'opinion de cette femme ? — ; elle lui demanda de contacter famille et proches de la victime au plus vite, annonçant aussi qu'elle dépêchait immédiatement deux gendarmes sur place pour questionner les habitants du village.

— Non ! N'en faites rien, je monte moi-même, la coupa-t-il, je ne voudrais pas que les pistes s'effacent sous nos pas faute de doigté, c'est un petit patelin où on risque de se fermer irrémédiablement.

— Bon, vous faites comme vous le sentez ! De toute façon, j'y vais moi-même cet après-midi, nous pouvons essayer de nous voir là-haut.

Ils convinrent d'un rendez-vous.

Il sentait poindre en lui des sentiments confus d'où la jalousie n'était pas exogène, une forme de colère aussi ! Il ne s'attarda pas. Cette femme avait le don de remuer en lui la fange qui sommeillait : jalousie, aigreur, envie, tout simplement envie…

Quand Santini parvint à Quenza, toute la population était au courant de l'identité du décapité. Il se demandait toujours comment les nouvelles pouvaient se répandre aussi vite dans ce pays. L'annonce avait créé un choc et les visages fermés, les bouches tirées disaient assez les difficultés qu'on aurait à tirer des renseignements de ces gens-là. La maison des Pietri concernés lui avait été indiquée, c'était une jolie retraite plantée presque en face du château. Il gara sa voiture entre les arbres séculaires et sonna au portail. En l'absence de réponse, alors qu'il voyait nettement les rideaux balancer de l'intérieur, il prit le parti d'entrer quand même. Parvenu sous le porche, il frappa à la porte avec insistance. Au bout d'un temps assez distendu, une petite vieille chenue, menue, grise et terne vint lui ouvrir. Il était évident qu'elle était au courant.

Porcu rumore qui faisait qu'en Corse on aurait su, avant même qu'elles ne lui poussent sur la tête, que le roi Midas avait des oreilles d'âne. Comment avait-elle su ? Sûr que ce n'était pas elle qui le lui dirait !

— Bonjour, madame, commissaire Santini ! Il montra sa carte. Puis-je vous parler quelques instants ?

Elle s'effaça comme contrainte en son for intérieur. Son visage était comme crispé, saisi de chagrin. Elle le précéda de sa démarche glissante et lui ouvrit la porte d'un salon d'un luxe aussi ahurissant que désuet. Des fauteuils de style Louis XVI encadraient une table recouverte d'un plateau de marbre, des tableaux de bonne facture ornaient le mur et des vases de Sèvres se dressaient au garde-à-vous sur la cheminée. Mais un examen attentif démontrait à l'envi que si splendeur il y avait eu, le temps en était révolu. Les vases étaient fissurés et recollés, les fauteuils affichaient une tapisserie défraîchie, usée et même trouée en certains endroits comme si on avait déménagé d'un autre lieu les restes des ors d'une époque perdue. L'odeur qui régnait amalgamait des fétidités de cuisine fade à des puanteurs d'animaux, chats, chiens... poils gras et humidité... Une odeur de vieux, d'abandon, de vie qui s'enfuit, de silence qui s'installe, troublé à peine par la télé. Effluves aussi du corps vieillissant qu'on néglige et qui se venge.

— On m'a dit que Jules Pietri était votre neveu ?

— *Veru !*

— J'ai le regret d'avoir, peut-être, à vous demander d'identifier les restes de son corps que nous avons découvert… Il se demanda soudain comment il avait pu être aussi brutal, elle le dévisageait, elle savait qui il était, c'était pour ça.

— Je sais ! répondit-elle avec brusquerie et je suis au courant. Mais j'ai la certitude que c'est bien lui, je l'ai senti.

— Vous êtes la seule parente proche qu'il lui reste à l'exception de sa fille ?

— Je suis la tante de Jules et mon pauvre frère et son épouse sont morts tous deux l'année passée à quatre mois de distance. Le pauvre André, mon époux, était le plus âgé d'entre nous, il les a précédés depuis plusieurs années déjà. Il n'y avait plus que moi ici.

— Avez-vous des enfants, madame Leoni ?

— Non, monsieur le commissaire, j'ai élevé mon neveu, comme s'il était mon propre fils, alors que ses parents travaillaient. Il a passé toute son enfance à mes côtés, c'est un grand chagrin que j'ai, *oghje*, un grand chagrin !

— Pardonnez ma question, mais avez-vous une hypothèse sur ce qui s'est produit ? Avait-il des raisons de s'inquiéter ?

— Par les temps qui courent, tous ceux dont les affaires marchent un peu ont des raisons de s'inquiéter. Ce n'était pas un homme à se laisser faire, mon neveu, certes non ! Mais dire qui lui a fait cela, hélas, *un saghju !*

— Il était racketté ?

Elle ne répondit pas, mais baissa les paupières, des larmes de plomb en coulèrent. La petite vieille lui fit une sorte de peine fugitive, mais que pouvait-il y changer ? Et puis, elle le fixait toujours de ce regard hostile et méchant…

Il pensa qu'il serait préférable que l'identification soit faite par la fille du défunt, ce serait trop dur pour la tante. En réalité, il s'en foutait. Tout était collant, poisseux et nauséabond dans cette baraque.

— Votre neveu est-il venu vous voir ces derniers temps ?

— Oui, il a passé le week-end chez moi, il venait souvent, il aimait le village et nous… étions bien ensemble.

— Quand l'avez-vous vu pour la dernière fois ?

— Dimanche soir, il m'a dit qu'il rentrait à Bastia, je n'en ai pas eu de nouvelles depuis.

Le corps avait été retrouvé le lundi matin.

— Vous a-t-il parlé de personnes qu'il aurait à voir, de soucis précis ou de quoi que ce soit d'exceptionnel ?

— Non, de rien ! Mais c'était un garçon qui parlait peu. Un « taiseux » comme on dit !

Après quelques « questions subsidiaires », il quitta le domicile de la dame avec soulagement, oppressé par sa tristesse, la noirceur des murs et l'odeur qui y régnait. Le moisi, la crasse, la poussière, le désordre de la cuisine entraperçue, la négligence des corps ; il détestait celle-ci, car elle était le sens de la décadence. Avant de regagner sa voiture, il reprit une grande goulée d'air, satisfait d'être vivant et encore jeune. Encore ! La perspective de son propre vieillissement l'oppressa. Il avait envie d'une douche.

Il passa plusieurs coups de fil, aussi bien à la gendarmerie qu'à son équipe, ordonnant enquête de proximité partout où on connaissait le type. Il tenait à ce que l'on sache qu'il voulait tout savoir de l'homme, ses habitudes, ses soucis, ses motivations, ce qui le poussait, tout ! Il fit lui-même un tour du village afin d'en fixer les méandres, les tours et détours, conscient des regards qui le suivaient dans son dos tandis qu'il avançait. Il décida, sans raison particulière, de se rendre à l'atelier de sculpture. Peut-être là-bas seraient-ils mieux disposés à parler ! Il s'aimait assez en train de brasser du vent, progressant à larges pas dans le décor obsolète de ce village ; il était important, on le regardait avec respect, c'était valorisant. Bien plus que les minables petites affaires réglées au bout du couloir obscur de son bureau de toute façon ! Il s'aimait en « super commissaire ». Aller visiter l'atelier de sculpture était une bonne chose, ils avaient complètement négligé cet aspect-là de l'enquête.

Le jardin qui précédait l'atelier recelait encore des trésors, car l'exposition n'était pas finie et des œuvres étranges cohabitaient dans un univers de fantasmagorie qui n'était pas sans faire courir des frissons le long du dos.

Ainsi, au milieu de deux socles de pierre, une silhouette d'homme mêlant fil de fer et terre cuite, portant deux têtes comme « Janus », l'une regardant vers l'avenir, l'autre vers le passé, tirait le long d'une poutre improbable le fil d'une existence douloureuse. Il voyait encore à l'arrière de la maison un couple massif, enlacé dans une étreinte brutale, d'où l'homme semblait téter un sein dur pour mieux s'y blesser sous le regard de la femme — mi-mère, mi-diable — qui l'embrassait comme on étouffe. Il secoua la tête comme pour en faire tomber ses sombres pressentiments. Le fait était qu'après la mise en scène des deux crimes, il ne verrait plus jamais la moindre sculpture de sa vie de la même façon. Quel poids ici ! ...

À l'intérieur du local, on s'activait autour d'une des massives compositions de bois qui ornaient le parc et qui avait été encore vandalisée. Un homme d'un certain âge, volubile et portant une moustache blanche, donnait les directives tandis qu'un autre, plus jeune, les traits taillés à la serpe sous un casque de cheveux blancs et blonds s'ébouriffant autour de son visage, manipulait la lourde pièce.

Ils levèrent la tête à l'irruption du nouvel arrivant. Celui-ci les salua, déclinant son identité et ne reçut en retour qu'un signe « discret » de la tête.

— Nous n'avions que très peu de rapports avec « Julot » dit le plus âgé en reposant la boîte de pâte à bois qu'il tenait à la disposition de la main de son compagnon. Nous ne pourrons pas vous dire grand-chose à son sujet !

— Je voudrais juste en savoir un peu plus sur les deux artistes dont les œuvres ont été... heu... utilisées...

Il ne parvenait pas à trouver le mot juste pour s'expliquer, tout empreint de la vision de ces corps sur ces « fonds de scène ».

— Peut-être ont-ils un lien avec la victime, eux ?

— M'étonnerait ! dit l'homme le plus jeune, ce sont des continentaux invités pour l'occasion de l'exposition. Le premier, celui des anneaux de métal et de fil rouge, s'est illustré dans les décors et les scénographies théâtrales, l'autre est un paisible artisan de fer forgé qui vit en fabriquant du mobilier sur commande et qui est passionné de sculpture. Dans les deux cas, vous avez des gens tranquilles, qui élèvent des gosses et qui, en plus, ne sont même pas là actuellement... Moi, je pense plutôt que leurs œuvres ont été choisies parce qu'elles interpellaient l'imaginaire de l'« écorcheur » pour une raison que nous ignorons. C'est un peu cela le mystère de la création ! C'est toucher chacun sur une zone sensible différente.

Santini s'accorda le soin de repenser plus tard à cette phrase qu'il ajouterait au reste de ses découvertes, car elle lui semblait pleine de bon sens. Pour l'heure, il détaillait, fasciné, les étagères pleines de petites figurines de terre cuite ou de pierre. Elles représentaient, pour la plupart, toute une population réduite d'êtres humains avortés, contrefaits par maladresse ou par propos délibéré, les corps se répandaient en ondulations lascives ou en torsions torturées.

— Ce sont les travaux de nos élèves, expliqua le sculpteur à moustache, il y a de tout ! Même des travaux d'enfants !

— Et cela ? demanda le commissaire, surpris devant ce qu'il prit au départ pour une crèche, mais qui s'avéra, quand il se rapprocha suffisamment près pour en saisir les détails, une succession de scènes curieuses générée par de tout petits personnages modelés comme des santons.

On y voyait ce qui ressemblait à des enfants jouer devant ce qui pouvait passer, avec un peu d'imagination, pour le château. Cependant, il se dégageait de ces compositions une curieuse atmosphère.

— Une de nos plus vieilles élèves qui est décédée il y a quelque temps, elle s'amusait avec nous, elle qui était très seule, on la laissait faire bien qu'on ne puisse pas à proprement parler là de sculpture.

Ils parlaient avec impatience, pressés de voir l'intrus repartir, bien contrariés déjà par ces empyreumes et le tour insoutenable qu'avait pris l'exposition et puis Santini, il avait une façon de vous fixer qui dérangeait même les chiens. Du fond de l'atelier arriva une jeune femme d'une grande beauté, mais parfaitement revêche, qui le poussa sans égard vers l'entrée. Ils se protégeaient bien dans ce coin-là. Le commissaire se réserva le droit à une seconde visite, choisissant sagement de laisser, en ce lieu et en ce jour, les choses en l'état. Au Bar des Sportifs, les conversations se turent à son arrivée. Les cloches se mirent à sonner les heures au clocher en face et il se rappela, tout à coup, qu'il avait rendez-vous avec la juge, qui n'allait pas tarder à arriver. En l'attendant, il décida de se rendre sur la place et de regarder encore une fois la scène du premier crime. Il ne doutait pas qu'avec la seconde découverte macabre, les installations fussent retirées et que les artistes dussent être cruellement déçus du tour qu'avaient pris les événements. À son arrivée, la juge était déjà là, debout entre les œuvres, s'imprégnant des lieux. Ils se saluèrent, d'assez loin, et retournèrent s'asseoir à l'ombre.

Santini lui fit un point de toutes les découvertes de sa journée, ne celant rien, ni du désarroi de la vieille tante, des menaces de racket que de sa visite chez les sculpteurs. Elle resta songeuse, le stylo suspendu… Elle avait pris des notes tout le temps de son compte rendu.

— Il était racketté ? Elle est peut-être là, la piste réelle !

— Je ne sais pas ! lui répondit-il, indécis. Je n'ai pas en mémoire de précédent aussi sanglant et aussi compliqué pour une simple affaire de racket, je n'y crois pas trop… Il me semble qu'on a affaire à un « truc » plus intelligent qu'une simple affaire de mafia. Mais c'est vrai que vous avez raison, c'est un début de motif.

— Ce sont peut-être ces sculptures qui ont inspiré le cinglé qui faisait pression… Je ne sais pas vous, mais tout à l'heure, au milieu de la place, j'avais comme un souffle glacé dans le dos !

— C'est parce que vous mélangez tout, je suis sûr que vous n'arrivez même plus à la voir, cette place, sans y superposer des images. On se laisse trop facilement emporter par son imagination, dans cette affaire.

— Ouais, possible ! Bon, vous me faites un rapport, vous mettez vos hommes sur la vie, les œuvres, les prodiges de Jules Pietri et vous collez les O.P.J. en enquête sur les activités du mort le soir de sa disparition puisque la tante l'a vu pour la dernière fois au moment où il montait dans sa voiture. Quoi comme auto, au fait ?

— Coupé Peugeot 307, on ne l'a pas encore retrouvé, j'ai lancé un avis dès que j'ai su, pas encore de nouvelles. Il montra son portable.

Elle fit encore un point sur les documents légaux dont il avait besoin pour les divers épigones de l'enquête et puis ils se séparèrent. Elle avait, au préalable, reçu un coup de fil lui indiquant qu'on avait pu mettre la main sur la fille de la victime, domiciliée sur le continent, et qu'elle arrivait pour tenter de confirmer l'identité du corps qu'on avait découvert.

X

— Je suis content de te revoir ! lui dit Ansideo en la prenant dans ses bras. Tu m'as manqué et, ce, d'autant plus que je ne m'y attendais pas.

— Toi aussi, tu m'as manqué ! Beaucoup ! répondit-elle en se calant entre les bras qu'il lui avait grand ouverts.

— Tu aurais pu me dire que tu revenais ce soir, je n'ai rien prévu de particulier, je t'aurais fait quelque chose de bon à manger ! Tu as dîné où hier ?

— Je n'ai pas eu le temps, je suis restée au bureau toute la nuit…

Il ne demanda rien et elle lui en sut gré. C'était bien que le meurtrier restât ainsi à la porte et qu'elle eût une oasis pour s'apaiser, car la certitude de cette affaire était bel et bien qu'elle lui dévorait la tête.

Elle alla poser ses affaires dans la chambre puis prit une douche, longue, soigneuse, voluptueuse, comme si elle avait à se laver des avanies et des échecs de la même façon que de la sueur et de la poussière. Elle passa un paréo et mit de l'ordre dans son sac, qu'elle avait jeté sans y faire trop attention sur le lit en arrivant. Des objets s'en étaient échappés, qu'elle dût aller récupérer sous le lit, les ramenant en une brassée rapide.

Au milieu de ce qui lui appartenait et qui s'était inopportunément répandu, elle trouva une photo qui n'était pas à elle. L'instantané représentait une femme d'environ trente-cinq à quarante ans, brune et bouclée, avec de grands yeux verts, toute menue, nichée dans les bras d'Ansideo. Le couple faisait face à la caméra avec un sourire heureux. L'homme portait une cigarette entre les doigts, elle, de son côté, avait un magazine comme si on les avait surpris dans un moment d'intimité. La scène dégageait une tendresse et un bonheur évidents. Raffaëla en eut le cœur broyé comme si on le lui avait pressé au centre d'une paume cruelle. Elle retourna la photo. Elle était datée de l'année précédente. Elle s'étonna qu'aucun journal n'ait parlé d'une épouse ou d'une compagne quelconque que l'auteur aurait eue et elle n'avait jamais rien lu qui se rapportât à cette présence féminine aux côtés de l'homme qu'elle aimait. Incertaine quant à l'attitude qu'elle devait adopter, elle choisit de remettre la photo là où elle l'avait trouvée comme si de rien n'était. Elle revint à la cuisine avec un sourire un peu confus, un peu blafard ; il s'en rendit compte immédiatement.

— Tu ne vas pas bien ? demanda-t-il. Quelque chose t'a bouleversée ?

— Non, rien ! Rassure-toi, rien d'autre qu'une nuit sans sommeil, une enquête tortueuse et c'est bien suffisant ! Ne t'inquiète pas ! Toi, ça va ?

— Super, la pleine forme ! Comme si tu me portais bonheur : on dirait que tu fais des miracles ! Je suis heureux que tu sois là ce soir.

— Moi aussi !

Elle l'embrassa.

— Ça sent bon ! Tu as fait quoi ?

— Oh, pas grand-chose ! Une omelette à la tomate ; j'ai aussi du bon fromage, de la salade verte... C'est une improvisation, une improvisation en ton honneur. J'ai trouvé dans la cave de magnifiques bouteilles de très vieux vin, j'espère qu'il sera encore bon.

Elle se dit que, depuis qu'elle le connaissait, elle avait tendance à manger plus et à boire davantage qu'elle n'en avait l'habitude. Il faudrait peut-être qu'elle fasse attention, mais, pour l'heure, cela n'avait pas grande importance. Cela participait d'un rite qui lui permettait de tenir cette abominable journée à distance. Comme si cette table et cette compagnie avaient eu pour pouvoir d'éloigner les spectres. Elle savait pourtant que l'« écorcheur » rôdait quelque part dehors mais elle avait besoin ce soir d'exister dans une vie sans cauchemar. Ansideo fut tendre et doux, si tendre et si doux quelle eut l'impression de vivre un rêve. Pour une fois, elle n'était pas seule ! Pour une fois, elle pouvait faire face à l'innommable en sachant que la vie n'était pas que cela. Elle lui en fut infiniment reconnaissante. Bien sûr, elle gardait au fond des prunelles la vision de ce couple heureux, bien sûr elle avait envie de poser des questions, mais elle se dit qu'il valait mieux ne pas gâcher le moment présent et qu'il serait toujours temps, quand ce serait plus opportun, de revenir sur cette photo. Après avoir débarrassé, ils rentrèrent. La nuit tombée n'était pas parvenue à rafraîchir l'atmosphère ; cependant, la chaleur de ce soir-là était un amollissement doux, un moelleux qui enveloppait les gens et les choses dans une sorte de protection suave et tendre comme l'intérieur d'une noix de coco.

Bien qu'elle répugnât à appliquer les méthodes américaines, elle s'était donc fait violence devant la nécessité de demander le profil psychologique du criminel, car elle s'était rendu compte qu'on comprenait mieux un personnage si on parvenait à se faire une idée concrète de lui en le faisant jaillir du néant. Une des difficultés de cette enquête résidait indéniablement dans le fait qu'on ne savait absolument rien des motifs qui pouvaient pousser le meurtrier au passage à l'acte. L'intervention de Kouider avait eu pour effet de lui donner envie de poursuivre sur cette piste malgré les difficultés qu'elle avait eues à supporter cette femme. Elle demanda donc qu'on lui dressât un portrait à partir des éléments que Santini, les gendarmes ou elle-même avaient pu relever. La copine de Santini n'avait pourtant pas tort. La première mention qui lui sauta à l'œil sur le rapport portait sur l'hypothèse des troubles d'identité que le prélèvement de la peau avait induits et le spécialiste qui avait dressé le portrait avait insisté sur l'aspect fondamental du rituel de ce crime particulièrement atroce. Lui aussi avait la conviction que l'« *étranger* » dont il était question dans le texte grec de *L'Odyssée* était bien le tueur et non sa victime. En effet, les renseignements fournis par ces quelques phrases, joints aux premiers mots laissés par le meurtrier, se complétaient parfaitement pour désigner un être dont la souffrance avait à un moment donné fait chavirer la raison au point qu'il avait fini par se prendre pour un vengeur. La psychologue pensait qu'il fallait chercher quelqu'un dont la vie avait basculé à au moins deux reprises. Il fallait dénicher une personne dont l'enfance avait été pour une raison ou pour une autre malmenée, quelqu'un dont la structure parentale n'avait pas réussi à être suffisamment forte pour s'interposer entre une violente souffrance et l'enfant. Il était possible aussi que la déstabilisation initiale soit venue de ses parents… Maltraitance, manque de soins, trahison… Les hypothèses ne manquaient pas. À cette fragile psyché, il avait fallu un second choc pour déclencher une douleur si insupportable qu'elle avait conduit le meurtrier au passage à l'acte. Le psy confirmait l'intuition qu'ils avaient du sexe du coupable. Selon toute vraisemblance, celui-ci devait être un homme, tant en raison de la force qu'il avait dû rassembler dans son *modus operandi* que dans le fait que ces mutilations spectaculaires en faisaient en quelque sorte un « super » homme. Il ne voyait pas de caractère sexuel à ces mises en scène, mais, dans la mesure où il les désignait comme extrêmement signifiantes, il y voyait la preuve de liens affectifs particulièrement douloureux qui avaient justifié une punition extrême. C'est pourquoi il écartait l'idée, qui aurait été fort commode pour les enquêteurs, de voir ces deux crimes être liés d'une manière ou d'une autre au racket. Il voyait là davantage une façon pour le meurtrier de se réapproprier sa vie dont il se serait senti dépossédé pour une raison qui devenait fondamentale dans l'enquête.

Si l'équipe qui était chargée des recherches parvenait à trouver quelqu'un dont le passé récent faisait état de phases particulièrement cruelles — perte d'un être cher, d'un travail, découverte d'une maladie grave — et que cette personne ait eu à un moment donné de son passé lointain un contact avec la victime identifiée à ce jour, alors ils tiendraient, peut-être, un début de piste. Un autre point important dégagé par ce dossier était que dans un parc d'exposition aussi important que celui proposé n'avaient été choisies que certaines sculptures et pas d'autres. Il fallait donc porter une attention toute ciblée sur ce choix tant sur un plan métaphorique que sur un plan plus concret. Soit elles avaient un caractère de ressemblance proprement marqué avec un mauvais souvenir du passé et, dans ce cas, elles assumaient une fonction strictement mimétique ; soit elles s'intégraient dans un tableau plus vaste : elles participaient, en quelque sorte, à la légende que le meurtrier se construisait… Auquel cas, il fallait les prendre non pour ce qu'elles représentaient, mais pour l'image qu'elles projetaient. Bien sûr, le spécialiste affirmait qu'il y aurait d'autres meurtres si on ne les empêchait pas. Il soulignait que la date entre les deux crimes donnait un écart de douze jours alors que le premier avait été commis le 12 juillet ; ce qui pouvait indiquer qu'il fallait accorder une importance toute spécifique à ce chiffre…

Enfin, il insistait sur le fait qu'on avait affaire à un individu d'une grande intelligence, extrêmement méticuleux et ordonné, parfaitement capable de se comporter d'une façon tout à fait naturelle dans sa vie quotidienne ; temps au cours duquel, vraisemblablement, il dissociait sa personnalité et pouvait passer pour quelqu'un de tout à fait normal. Il ajoutait que, dans la plupart des cas, les psychopathes étaient dans la vie de tous les jours des êtres particulièrement séduisants et attractifs, bien qu'ils soient viscéralement incapables d'un attachement profond.

Santini, qui avait eu le dossier entre les mains comme Balestrini, arriva à la conclusion que tout cela était bien beau et que cela permettrait sûrement de comprendre les raisons de la culpabilité de celui qu'ils cherchaient — encore fallait-il voir ! —, mais que cela ne rendait malheureusement pas les recherches plus aisées. À sa connaissance, aucun nom n'était inscrit en bas de ce superbe portrait : il afficha un sourire méprisant.

Lors de la réunion qui les avait opposés à Sartène, la juge avait demandé que tous les locaux vides pouvant se prêter au macabre usage exigé par les deux crimes soient soigneusement visités. Or, Brandiziu avait constaté que le château, bien que prioritairement désigné, n'avait fait l'objet que de recherches très partielles. En effet, l'état de profonde dégradation dont il souffrait l'avait rendu extrêmement dangereux à toute exploration. Cependant, il supposait que les hommes chargés de l'investigation n'avaient peut-être pas manifesté un zèle absolument parfait pour aller fouiller tous les coins et recoins de ce qui était devenu une sinistre et périlleuse demeure. Il décida donc de s'y rendre lui-même afin de s'assurer que rien n'avait été négligé.

La bâtisse avait une histoire très curieuse… Un riche consul, amoureux d'une étrangère, décida de lui bâtir ce palais pour lui prouver son amour. Hélas ! Ses moyens financiers, moins fastueux en Corse qu'en exil, ne lui permirent pas de voir la conclusion de ces travaux et le château resta pour le moins inachevé. L'amoureux diplomate décéda, laissant à la dame de ses pensées et à ses héritiers la charge budgétaire de ce délire de pierres qu'ils ne pouvaient entretenir. Peut-être qu'en un autre lieu, il aurait été plus facile de trouver une destination à ce *palazzu,* mais Quenza est un petit village. Les descendants eurent beau offrir la demeure à la Région, celle-ci ne put en faire un usage qui justifiât la dépense qu'on devait y consacrer. Aussi, le beau palais passa-t-il successivement de l'état de castel de La *Belle au bois dormant* à celui de tanière pour vampires. En l'état, il était certain que le comte Dracula y aurait pris ses aises sans démentir. À la condition, toutefois, qu'il gardât son statut de chauve-souris, car le plancher hurlait son mal de vivre. Mais les six faunes, ici assis, souriaient.

Le commissaire s'aventura dans le parc sans avis préconçu. Il monta les marches de l'antique perron avant de pousser la seconde porte, la première étant irrémédiablement bloquée. Le désastre frappait la vue dès l'entrée. Les boursouflures du sol, les trouées du plafond vomissant des tripes de ferraille et de bois broyé, disaient assez le danger qu'il y avait à s'aventurer en de semblables lieux. Les gueules noires des portes entrouvertes refoulaient leur haleine putride de champignons et de bêtes obscures. Il traversa la première grande pièce en direction de l'escalier vaste et spacieux qui montait vers les étages, mais il réalisa très vite qu'il mettait stupidement sa vie en danger en tentant seul, et sans avoir prévenu personne, une ascension qui risquait de le voir brisé et sans secours au pied des marches. Il régnait là une atmosphère délétère et morbide à laquelle il fut extrêmement sensible, constatant que même les vastes étendues trop ensoleillées de l'extérieur semblaient comme noircies, obscurcies quand on les voyait par ces fenêtres borgnes. Quelque chose frappait avec régularité quelque part dans la bâtisse, son cœur se mit à battre la chamade, il lui tardait de quitter ces lieux dont il comprenait qu'il n'aurait jamais dû entreprendre de les visiter seul. Dans l'hypothèse, en effet, où ils aient servi de tanière au meurtrier, il se mettait inutilement en danger sans pour autant faire avancer l'enquête.

Les coups avaient repris. Probablement un objet abandonné bousculé par les rats car il n'y avait pas de vent ce jour-là. Il décida, tout en se traitant de lâche, de ne rien entreprendre à cet instant, assez lucide pour se rendre compte qu'il avait affronté des dangers réels bien plus importants que les fantômes qui hantaient sa mémoire à cet instant précis, mais dont, paradoxalement, il avait eu moins peur. Car il avait peur. Vraiment peur. Était-ce la conjonction de l'atrocité à laquelle il était confronté pour la première fois de sa vie en ce lieu mort et funeste ou, simplement, le manque de sommeil qui développait une imagination déjà bien trop prompte à s'emballer, il n'aurait su le dire. Mais il en partit comme on s'enfuit. Le parc et ses statues ricanantes ne lui semblaient pas plus hospitaliers ; ce ne fut, enfin, que dans son véhicule qu'il respira plus librement. Il transpirait, il avait eu l'impression lugubre qu'un rideau se déchirait sous ses yeux. Qu'il allait se produire quelque chose. Il était clair que personne ne pouvait avoir trouvé abri dans une pareille ruine.

Un peu plus loin sur la gauche, assis sur un banc de pierre, un vieil homme accoudé à une canne de bois sculpté à la main le regardait passer en ne voyant rien. Mais il frissonna.

XI

Ils obtinrent très rapidement le rapport d'enquête concernant Jules Pietri. Cependant, il n'éclaira pas grand-chose. Quand il avait quitté la maison de sa tante, personne n'avait vu qui que ce soit en sa compagnie. Personne évidemment, non plus, n'avait vu quoi que ce soit d'extraordinaire. Dans ce pays, on pourrait tous être des singes de la sagesse : on ne voit rien, on n'entend rien, on ne dit rien. *Un parla mica.*

Mais il subsistait quelques vieux pour dire que tout ce qui se produisait aujourd'hui, on aurait pu le prévoir depuis longtemps et que, quelque part, il y avait justice ! Parce que si le Jules, il n'était jamais officiellement impliqué dans rien, officieusement, tout le monde savait que c'était beaucoup moins simple. *Iè !* Qui peut encore croire de nos jours qu'on peut vivre honnêtement de ne rien faire et qu'un restaurant dans lequel on ne met jamais les pieds peut vous permettre de vivre en dépensant autant ? Il faisait ses affaires comme nombre ici ! Des affaires dans lesquelles il valait mieux ne pas mettre le nez. Mais *avà ?* Est-ce que ce sont seulement des choses à dire à la police ? Et vous me signerez votre déposition ! Bien sûr que je te la signe ! Avec mon nom en gros en dessous ! Comme ça, la victime suivante, tu en auras le nom tout de suite ! Si on avait dû la dire, la vérité, on aurait dit que, dès que le premier cadavre avait été trouvé, tous les regards du village s'étaient tournés vers lui, le Jules ! Il avait si bonne réputation ! En plus, allez ! Ça ne datait pas d'hier ! Tout mioche, c'était déjà une teigne !

Le fait était que l'homme était fiché chez les collègues de l'O.C.L.C.O., qu'il avait été entendu à plusieurs reprises sur des affaires de mœurs — sans que, bien sûr, on n'ait jamais pu rien prouver —, mais il ne faisait aucun doute qu'il appartenait à la branche d'un arbre mafieux qui n'avait rien de corse. Le restaurant lui tenait lieu d'activité officielle, mais on murmurait, tout bas, qu'avec les siens, il avait entrepris de grignoter peu à peu un territoire qu'il n'entendait pas laisser aux activités locales. En relisant ce que lui avait dit la tante, Santini s'amusa de ce que la bonne vieille eût pu penser que son petit-fils ait été une victime alors qu'il hurlait plus fort que toute la bande des loups réunis.

Balestrini, dans son bureau d'Ajaccio, se piqua une colère titanesque. Elle le savait ! Elle le savait que toutes ces couillonnades de psychanalyse, ce n'étaient que des délires prompts à surgir de la plume d'auteurs en mal d'inspiration, mais que, dans la vraie vie, il fallait se reposer sur des idées simples. L'appât du gain, les guerres de territoire ; bref, toutes péripéties ordinaires d'une criminalité banale dans ces territoires du Sud qui en verraient bien d'autres. Un an auparavant, elle n'avait pas été chargée de l'instruction pour le meurtre de cet homme en Haute-Corse qu'on avait écartelé entre quatre voitures. Pourtant, l'imagination dont avaient fait preuve les assassins n'avait rien à envier aux faits qui la préoccupaient aujourd'hui. Pourquoi avait-il donc fallu qu'elle parte dans des interprétations compliquées ? C'était, purement et simplement, de la faute du commissaire Santini. Finalement, elle aurait dû écouter le « proc » ! Prendre ce commissaire-là, ce commissaire machin qu'il voulait lui refiler au départ. Tous ces hommes n'étaient que des bourrins ! Elle s'était laissé influencer par un foutu bourrin ! Elle ne décolérait pas.

La conséquence directe de cette découverte fut qu'on lui demanda de se replier dans son bureau car on pensait, plus haut, qu'il fallait tourner les investigations du côté de Bastia et que, probablement, la première victime devait être originaire de là-haut. Elle envoya donc une commission rogatoire en direction de l'hôtel de police de Bastia en enjoignant de rechercher toutes personnes disparues signalées dans les dates qui coïncideraient avec la terrible découverte de Quenza. Une personne proche de Jules Pietri, probablement, ou impliquée dans une affaire similaire. Elle ne savait pas exactement quelles étaient les bases véritables de sa colère : parce qu'elle s'était vraiment trompée ou plutôt parce qu'elle avait été obligée de redescendre loin de l'homme qu'elle s'était habituée à présent à retrouver chaque soir ? Elle n'aurait su dire, mais sa seule certitude était qu'il lui manquait cruellement, elle n'arrivait même pas à se souvenir d'un moment où quelqu'un l'avait laissée dans un tel dénuement.

Elle avait toujours aimé Ajaccio, elle pensait qu'on y trouvait une douceur, une couleur qu'on ne voyait nulle part ailleurs. Elle aimait se détendre le soir à la terrasse du *Napoléon*, le long du cours du même nom, devant un verre de vin blanc et quelques olives. Ce détail gourmand lui rendit plus amère encore la séparation, car il n'est de douceur que l'homme qu'on aime ne partage pas. Elle n'avait pas osé lui suggérer de descendre quelques jours avec elle, timidité, retenue, peut-être… Elle espérait qu'il le lui proposerait, mais n'osait prendre l'initiative. Dans son imagination, l'acte d'écriture gardait un caractère sacré qu'elle se refusait à entraver par des considérations triviales qui lui étaient personnelles. Elle s'effaçait devant cette priorité absolue. Alors, elle n'aimait plus Ajaccio ou, tout au moins, ne s'aimait-elle plus seule à Ajaccio.

De son côté, Santini avait la queue basse! C'est qu'elle lui avait plu, à lui, l'histoire de la vengeance du psychopathe. Il pensa avec réalisme que les multiples affaires dont il s'était occupé l'avaient usé. Et qu'il avait tenté de faire coller la réalité avec un inconscient qui demande à sortir du ronron quotidien qui était le sien depuis tant d'années. Ce soir-là, à la terrasse de Thomas, tandis que les hirondelles traçaient des lignes dans les nuages et que les enfants criaient autour de la fontaine, tandis que les glaçons fondaient dans son quatrième pastis, il se vit comme il était... Un homme vieillissant, se croyant toujours beau, n'ayant pas réussi à conserver plus de quinze jours d'affilée la même femme dans son lit, n'en ayant pas eu non plus beaucoup envie et se trouvant sans enfants, sans famille proche, les poches pleines de souvenirs obscurs et de vieilles querelles, des cailloux dans le cœur, seul devant un verre à se confier à un propriétaire de bar.

Mais non ! lui disait Thomas mollement, lui qui connaissait les accès de lyrisme et de tendresse d'une bonne part des ivrognes de la ville. Ils se croyaient tous différents, ils étaient tous semblables. Lui qui savait qu'un bar, c'était la véritable famille de tous les *briaconi* du monde. Dans ses moments de philosophie, le patron se voyait comme une assistante sociale, en plus jovial, voire en plus utile. Il ne lui était jamais venu à l'esprit qu'il faisait justement partie de ce que combattaient les assistantes sociales. Brandiziu, à sa table, laissait s'entrechoquer en lui les sentiments contradictoires que l'enquête avait fait naître depuis la commission rogatoire qui l'avait mis sur le coup. Contrairement aux glaçons qui se livraient à la même activité, aucune de ces pensées ne le rafraîchit. Il aurait à ce stade payé pour ne pas en faire partie, de cette enquête. Enfin… Si on leur avait demandé de continuer à suivre localement les soubresauts éventuels de découvertes tardives, il devait à présent concentrer toute son énergie sur ce qui se passait à Sartène, car ses collègues spécialisés dans le banditisme de toutes obédiences avaient été contactés. Dire qu'il en avait été vexé était faible. Ainsi va la vie ! *Sic transit gloria mundi !* De toute façon, à bien y réfléchir, ses ennuis avaient commencé quand on lui avait refusé sa mutation pour Ajaccio pour la troisième fois. Que pouvait-il espérer d'autre que des frustrations et des affaires pourries dans ce trou ?

De fait, les hommes de l'Office Central de Lutte contre le Crime Organisé purent fournir plus de renseignements sur le mort en un courrier électronique que tout ce que les commissions rogatoires qu'elle avait émises avaient rapporté depuis la découverte de l'identité du cadavre. À lire son C.V., on avait presque l'impression que celui qui s'en était occupé avait fait œuvre de salubrité publique. De plus, peu de temps après l'annonce officielle du décès de Pietri — sa fille avait fait le déplacement et reconnu le corps à une marque de naissance qu'il avait sous le pectoral —, une bombe explosa dans les cuisines d'un restaurant de Bastia, où elle pulvérisa le corps de ce que les hommes de la P.J. identifièrent avec certitude comme un membre important de la faction adverse. La réponse du berger à la bergère en quelque sorte. L'identité du premier cadavre, par contre, continua de demeurer secrète, mais la population, rassurée par le fait que les victimes aient semblé trouver dans la mort une juste récompense de la vie qu'elles avaient menée, commença à oublier les faits.

XII

Raffaëla Balestrini avait vu passer l'été comme on voit passer un songe. Si elle avait craint à un moment que sa relation se distende avec les kilomètres, elle s'était trompée. Ils avaient trouvé leur rythme. Il était arrivé qu'elle remontât dans la semaine dans le petit village, mais, la plupart du temps, elle attendait le week-end. Pour elle, il avait fait de la place dans son armoire. Quand elle arrivait, la plupart du temps, il avait préparé un bon dîner, ouvert une bonne bouteille, mis une nappe blanche sur la table. Ils ne parlaient jamais de leurs travaux respectifs. Bien sûr, il avait su que l'enquête avait pris une orientation différente puisqu'elle était repartie ! Mais il n'avait jamais posé la moindre question, fait le moindre commentaire au sujet des thèses sur lesquelles elle se penchait. Elle, pour sa part, n'osait pas lui demander ce qu'il écrivait, ni même si cela avançait comme il le souhaitait. Après l'élan de confiance qu'il avait eu, il n'avait plus jamais reparlé de ce blocage ou de son passé. La vérité était qu'elle ressentait une petite frustration et que, souvent, elle tentait de mettre la conversation sur ce sujet. Mais il n'enchaînait pas, se refusant à toute confidence supplémentaire sur l'écriture. Elle avait résisté à cette pulsion de curiosité qui l'aurait poussée à chercher quelque part dans la maison le manuscrit sur lequel il travaillait. Elle aurait aimé qu'il lui fasse ce cadeau d'être la première à lire ces lignes qu'il avait tracées dans l'été. Mais il n'en fit rien. Elle n'osa pas non plus lui avouer qu'elle savait beaucoup de lui et, entre autres, qu'elle avait déjà lu tout ce qu'il avait écrit. Elle ne le fit pas tout simplement parce qu'elle pensait que cela ne lui ferait pas plaisir. Elle n'avait pas eu l'impression qu'il était fier de son passé, car il écartait toute information d'une main agacée. Tout être a son territoire secret. Elle n'insistait pas, car elle avait peur qu'en ouvrant les pans de la boîte de Pandore, il ne réalise d'un coup combien cette vie présente était moins brillante que celle qu'il avait auparavant et qu'il ne reparte comme il était venu. Car elle était terriblement amoureuse de lui.

Les fêtes de Noël approchaient, le temps s'était considérablement refroidi.

La jeune femme se trouvait devant la fenêtre contemplant, sans le voir, le jardin partiellement dépouillé de sa végétation. La température était tombée en dessous de zéro cette nuit-là. Le « kikouillou » dru et sauvage était tout empoudré de cristal blanc. Derrière elle, la cheminée chantait sa rassurante mélopée d'hiver. L'odeur du bois brûlé, les lambeaux de café qui flottaient encore, cette semi-obscurité propice à la rêverie, tout la poussait à se projeter dans un avenir où Ansideo aurait sa place. Elle l'entendait quelque part dans la maison en train de fouiller à la recherche d'on ne savait quoi. Elle partit à son aide. Le trouva devant le placard du couloir, manifestement contrarié de l'inanité de ses recherches.

— Je peux t'aider ? Qu'est-ce que tu as perdu ?

— Rien de grave ! Rien qui ne vaille le mal que je me donne ! Mais c'est plus fort que moi, je suis maniaque avec mes stylos et je ne supporte pas d'en perdre un. Il faisait des gestes violents, compromettant les piles, bousculant l'ordonnancement parfait de l'armoire. Car il était un homme extrêmement méticuleux, soucieux à l'extrême de la symétrie et de la rigueur des rangements. Elle s'en était amusée au début et puis avait compris qu'il ne fallait pas s'en moquer, car il se rassurait de la sorte. Les artistes sont des gens complexes, pensait-elle. Des chasseurs de papillons qui ont toujours peur de ne pas attraper leurs songes aux couleurs vives, multipliant les filets, pensant qu'ils ont des vertus magiques leur garantissant le succès.

Il avait l'air extrêmement contrarié, tant et si bien qu'il renversa une boîte pleine de photos. Elle se pencha afin de rattraper le contenu qui se dérobait. Il était déjà au sol, rassemblant à larges mouvements les clichés qui avaient filé partout comme s'il ne fallait pas qu'elle en vît un seul. Il avait l'air à la fois en colère, malheureux, contrarié. Elle ne savait plus trop quoi faire, car, sur ce qu'elle avait eu le temps de voir, il était indubitable qu'il s'agissait de la femme qu'elle avait déjà aperçue une première fois. Elle lui tendit les épreuves sans faire de commentaire ; qu'aurait-elle dit ? Il la regarda d'un œil capable de percer le métal, dit seulement : « C'était mon épouse, nous ne sommes plus ensemble ! ». Elle ne lui avait jamais vu ce visage bouleversé, cet air confus et décida donc de ne pas insister. *Nous ne sommes plus ensemble!* Elle se contenterait de cela. Ce soir-là, dans l'obscurité de la chambre, il la serra à l'étouffer et lui dit pour la première fois: « Je t'aime ! ».

En hiver, Sartène est grise ! Sa puissante pierre de granit semblait tenir les hommes entre ses bras et créait ainsi deux mondes: celui de Sartène et celui de l'au-delà. La cité médiévale avait été décorée par les familles de couleurs et de lumière. Pas une venelle, pas une ruelle, pas une impasse où on ne trouvât boules rouges ou cotillons blancs. Des Pères Noël de chiffons partaient à l'assaut des façades dans de curieuses contorsions de pantins mal articulés. Il n'était pourtant guère besoin ici de fermer longtemps les yeux pour voir revivre le passé. L'étroitesse des rues, la hauteur des maisons, l'épaisseur des murs, tout disait ici qu'autrefois les hommes avaient lutté pour vivre.

Santini, ces décorations de Noël, ça le gonflait ! C'est bien joli, Noël, quand on a des enfants, ou même jusqu'à une femme, quelque chose pour mettre au pied du sapin, quelque chose de vivant, mais quand on est seul ? On est encore plus esseulé ce soir-là. Il avait le souvenir, dans les années quatre-vingts, d'un réveillon qu'il avait fait en compagnie d'une bouteille de vodka et d'une télé à l'écran gris-vert sur lequel se trémoussait Dorothée, l'inénarrable animatrice de cette époque. Il s'était dit alors qu'il avait touché le fond, mais il l'avait vraiment touché quand, par la force de la vodka, ce n'avait pas été une mais plusieurs Dorothée qui s'étaient agitées jusqu'à ce qu'il en vomisse. Il avait depuis tout essayé. Se trouver une compagne pour l'occasion ? Mauvaise idée ! Elles se faisaient toujours des idées à la suite de ce genre de soirée. Sortir réveillonner ailleurs ? Mauvaise idée ! Étant un des rares célibataires, il devait faire danser tous les *cageots* de la fête. Réveillonner avec ses copains ? Ils étaient tous mariés et ces dames ne le voyaient pas arriver d'un œil aimable compte tenu de sa réputation. Il décida cette année-là, bien qu'il eût encore quinze jours pour y réfléchir, de faire comme si de rien n'était, d'ignorer Noël, de le snober. Il touillait ses idées noires comme il touillait son pastis, alcoolique moins par passion que par ennui, peu soucieux de rentrer chez lui, l'esprit mal occupé par les maigres affaires de la journée. À ce sujet, il restait sur sa faim en ce qui concernait celle de l'été précédent. En effet, la séduisante théorie d'une vengeance de bandes, qui semblait avoir été confirmée par l'incendie, le laissait ricanant. La B.R.I. n'avait fourni aucune explication pour les messages en grec et il ne connaissait aucun mafieux qui signe en grec : ces mecs se prenaient pour des dieux et ne voyaient rien. Il avait fait part de ses réserves au juge Balestrini et avait senti qu'elle n'était pas loin d'éprouver les mêmes. Mais quand elle avait transmis ses doutes, on lui avait fait clairement comprendre que la thèse de la vengeance entre bandits arrangeait tout le monde. En effet, dans bientôt trois mois, la saison recommencerait avec la procession du *Catenacciu* dans les murs de la vieille ville, les touristes allaient revenir, ici comme à la montagne... Pourquoi les affoler en laissant supposer qu'un serial killer était en liberté alors qu'une explication plus rationnelle rassurait tout le monde ? N'empêche ! Il ne cessait d'y penser ! Le meurtrier s'était donné un mal de chien et il était retombé dans les banals arcanes de la criminalité ordinaire, c'était désolant ! De la belle ouvrage gâchée comme la *Vénus* de Milo en plein milieu d'une vitrine de faïences de Biot.

XIII

Bien qu'il ait été dessaisi, il avait pris la précaution de photocopier tous les documents en sa possession au moment de l'enquête. Il faisait presque un temps de neige dehors, ce jour-là. Les couloirs laissaient passer des coulis froids que n'arrivaient pas à intercepter les parois de place moderne et les portes trop légères. Son équipe avait été affectée à tous les examens en cours, rien que de très ordinaire. Lui, qui avait décidé de rester là, s'attabla confortablement afin de relire toutes les pièces disposées devant lui. Parce que, depuis trois mois, rien n'avait avancé. On avait dénombré un mort supplémentaire à Bastia, mais rien ne prouvait qu'il s'agissait de la même affaire, contrairement à ce que voulaient laisser à croire les autorités et les journaux. L'« écorché » n'avait toujours pas été identifié, pas plus qu'on n'avait retrouvé les têtes. Si tout le monde s'en contentait, ce n'était pas le cas de Santini. Ce sentiment de gaspillage le taraudait. Il décida de remonter voir la tante de Jules Pietri. Il ressentait une contrariété sourde au seul fait que la vérité n'avait pas éclaté. C'était pour lui comme une frustration cancéreuse.

Dans son appartement d'Ajaccio, Raffaëla s'acharnait à retrouver le dossier qu'elle avait constitué sur son écrivain préféré. Cela n'avait pas été le projet énamouré d'une adolescence tardive, mais, plutôt, à l'époque, la volonté de comprendre le sens réel des mots, leur force qui l'avaient tant touchée. Elle savait qu'elle était, elle-même, victime de l'attitude passée de son père qui, en l'abandonnant, l'avait profondément déstabilisée. Les livres d'Ansideo faisaient aussi état d'une souffrance similaire et lui avaient permis de se comprendre mieux. Elle savait qu'elle avait noté un grand nombre de renseignements sur lui, des éléments rassemblés au gré de ses lectures. Enfin, elle parvint à mettre la main sur ce qu'elle cherchait. Des photos jaillirent de la boîte, mêlées à des articles de journaux jaunis. On y voyait l'écrivain, souvent une cigarette à la main, détendu, souriant, à la fois fidèle à ce qu'elle savait de lui et très différent. Elle ne l'avait jamais vu fumer et n'avait même jamais vu de paquets de cigarettes en sa possession ! Il avait dû arrêter avant d'arriver en Corse, peut-être au moment où sa femme l'avait quitté ! Ce qui était curieux, maintenant qu'elle relisait les articles, c'était qu'il ne donnait aucune indication sur sa vie privée. Pourtant, la nature vraisemblablement autobiographique de ses documents poussait les journalistes à des incursions dans ce domaine. Mais rien ! Rien ne jaillissait des entretiens ! Où avait-il vécu ? Quelle enfance avait-il eue ? Avait-il des frères et sœurs ? Ses parents étaient-ils encore vivants ? Elle ne put trouver aucune réponse dans la documentation pourtant abondante qu'elle détenait. Comment avait-il été possible de maintenir aussi serrée une barrière entre la vie privée et la vie publique d'un homme qui pourtant s'exhibait énormément. Elle disposait même d'un article de *Voici* dans lequel on le voyait en compagnie de la fille d'une actrice connue à une soirée mondaine. Pourtant, alors qu'il avait été marié, rien n'avait filtré. Un autre point interpellait sa curiosité. Il avait clairement dit au début de leur rencontre avoir de la famille ou, du moins, être originaire de Quenza. Or, elle avait pu constater pendant l'enquête qu'aucun patronyme correspondant au sien — Giovanali — n'était référencé dans le pays : un pseudo, dans ce cas ? Elle était suffisamment corse elle-même pour se surprendre de le voir héritier d'une vieille dame du village. Elle pensa qu'elle n'avait jamais songé à demander le nom de cette vieille femme. Elle se reprocha ces accès de curiosité, elle n'avait qu'à lui poser la question directement. Mais elle savait au fond ce qui l'ennuyait le plus : il ne lui faisait pas confiance. Elle avait à cet instant entre les mains le dernier des ouvrages qu'il eût écrits : *Le "je" du Masque*. Elle le feuilleta distraitement et tomba en arrêt sur cette phrase : « *Tout être est à la fois son apparence et son ombre ! Plus la lumière est forte, plus l'ombre est sombre. La vérité est entre les deux* ».

— Quelle est ta vérité ? se dit-elle.

Elle ne remonterait que le week-end suivant, il lui manquait beaucoup. Soudain, du fond de la boîte, tomba une cassette dont elle avait oublié l'existence. Elle se rappelait l'occasion de son enregistrement. C'était à une émission littéraire à laquelle il avait été invité et qui passait trop tard pour qu'elle regardât sur le moment. Elle l'avait rangée puis oubliée. La soirée était adolescente, elle se félicita de n'avoir pas jeté le vieil appareil vidéo rendu obsolète par les D.V.D., mit tout en place et enclencha.

Santini avait fait le voyage pour rien, la tante de Jules était morte, morte de honte, de chagrin, morte des regards des gens, morte des inscriptions à la bombe sur sa porte, morte des pneus crevés à répétition par des inconnus pleins de courage, morte tout simplement de la bêtise humaine. Le commissaire enragea. Il était monté tard, la nuit tombait déjà, on ne débarque pas chez les gens à l'improviste, sans mandat... Il reviendrait en des circonstances plus favorables.

L'homme qui bougeait sur l'écran devant elle était à la fois identique et contraire. Plus à l'aise, plus détendu, d'une certaine façon plus élégant, il avait une diction plus soignée et sa voix même était dissemblable. Elle était incontestablement la voix d'un gros fumeur. Raffaëla était déstabilisée par ce qu'elle voyait et ce qu'elle entendait. Pouvait-on, à la fois, être soi-même et un autre ? Pouvait-on jouer la comédie en public à ce point pour se ressembler si peu une fois les lumières éteintes ? Le téléphone sonna. Elle arrêta l'image. C'était lui.

Et la différence de diction fut plus grande encore, amplifiée par l'appareil. Il y avait *quelque chose qui n'allait pas.* Elle répondit comme un automate, il ne comprit pas son attitude, la mit sur le compte d'une journée pénible, raccrocha.

Bien qu'elle eût de nombreuses tâches en cours, elle décida le lendemain de consacrer un peu de temps aux questions sans réponses qui la tourmentaient. Elle constata, en tapant son nom sur « Google », qu'il y avait 423 000 entrées à son nom « Ansideo Giovanali » sur le moteur de recherche internet. Nombre d'entre elles concernaient des sites de vente de livres. Il n'avait pas de blog, pas de site interactif faisant un lien avec ses lecteurs. Les biographies et autres textes officiels qui lui étaient consacrés ne lui apprirent que ce qu'elle savait déjà : il avait été repéré sur le port d'Ajaccio par une éditrice connue, qui lui avait lancé : « *Toi, tu as une gueule d'écrivain !* ». L'histoire disait qu'elle l'avait enfermé tant qu'il ne lui avait pas remis sa première production. Le succès ne s'était jamais démenti jusqu'à ces temps derniers. Il avait alors multiplié les émissions populaires et les apparitions alimentaires. Et puis plus rien ! Mais tout ça, elle savait déjà ! Ce qu'elle voulait était la vérité qui se cachait derrière ce personnage. Le web, pourtant prolixe, ne lui apprit rien. Elle allait abandonner alors que, d'un dernier clic, elle tentait une entrée sur le site d'un journal de potins. Il n'y avait pas de photos. Mais le titre de l'article était intrigant : « *Responsable d'un accident de voiture, l'écrivain célèbre tue sa femme !* ». Elle fouina à en ressentir des crampes douloureuses à l'épaule et dans le bras à force de cliquer, elle ne trouva rien de plus. Il avait parlé de séparation, pas de mort, elle chercha encore ! Mais la toile resta muette. Elle resta avec ses questions pour tout viatique.

Quoi qu'elle fît jusqu'à la fin de cette semaine-là, toutes ces interrogations se battaient dans sa tête.

À son retour le samedi, il l'attendait comme d'habitude, mais elle sentit, dès qu'elle entra, que quelque chose n'allait pas. Il hésita, prêt à poser des questions mais ne le fit pas. Il avait naturellement tout préparé, le feu crépitait dans la cheminée, l'ambiance était tendre et douce. Elle s'accusa intérieurement d'avoir meublé sa solitude en brassant des chimères. En face de lui, elle n'avait plus de questions à poser. Cependant, tard dans la soirée, elle demanda tout de même :

— À qui appartenait cette maison ?

— À Maria Rocca qui me l'a léguée.

— Qui était-elle pour toi ?

Il fronça les sourcils…

— Comme on dit ici : une petite parente.

— Tu la connaissais bien ?

— Je l'ai bien connue autrefois ! Madame la juge a d'autres questions à poser ?

— Non ! Pardon ! J'étais curieuse.

Il l'embrassa, elle avait l'esprit ailleurs.

Elle décida tout de même d'aller faire un tour dans le village afin de savoir quels étaient les liens exacts qui existaient entre Ansideo et Maria Rocca. Elle avait le sentiment qu'elle s'engageait sur un terrain mouvant, mais ne pouvait s'en empêcher.

XIV

Que ce soit au bar, à l'épicerie, à la boulangerie, personne ne lui répondit.

— Et pourquoi vous posez ces questions ? lui demandait-on. C'est encore pour une enquête ?

Elle commençait à se trouver vraiment très bête quand un vieux, qui la considérait curieusement au café, lui dit que si elle voulait *vraiment* savoir des choses, c'était encore à l'atelier de sculpture qu'elle aurait le plus de chances d'avancer. Alors, puisqu'elle était sur place, Balestrini décida de rendre à « *Fiore di Petra* » la visite qu'elle avait projetée. Comme Santini avant elle, elle chemina donc au milieu des maisons anciennes avant de parvenir dans la courette qui n'était plus décorée des œuvres étranges que son collègue avait vues auparavant. Mais elle n'y fut pas mieux accueillie que lui car on reprochait aux artistes leur exposition au motif qu'elle avait réveillé la bête endormie dans l'âme d'un des villageois ; aussi, ne tenaient-ils pas particulièrement à ce qu'on continuât à les associer avec tout ce qui avait trait à d'horribles crimes. Le retour de cette femme chez eux signait le ressac des ennuis. Ils ignoraient, cependant, que la vie entière de la juge avait été marquée par l'opposition et que cela faisait longtemps qu'elle n'en faisait plus cas. Rien ne se mettrait en travers de sa route. Le choix même d'une carrière corse indiquait une nature particulièrement bien trempée, d'autant plus qu'elle était native du pays. Puisqu'on ne lui répondait pas, puisque ses questions restaient sans réponses au mépris de toute l'autorité légale qu'elle pouvait représenter, elle décida cependant de jeter un œil aux petites pièces bizarroïdes qui s'entrelaçaient dans l'atelier. Ostensiblement, elle s'arrêta devant chaque pièce, chaque figure, au grand agacement des autres, ils étaient trois ce jour-là, avant de tomber en arrêt devant les santons diaboliques de la vieille dame. Chacun de ces assemblages, dont elle dénombra un assez grand nombre, était disposé sur un socle de bois. Ils présentaient tous de petits personnages, assez soigneusement travaillés tant dans l'attitude que dans le visage qu'ils étaient censés représenter. Presque toutes les saynètes avaient pour décor de fond ce que l'on pouvait considérer comme une représentation du château. On y reconnaissait les gros chênes et les peupliers du parc. On y voyait des enfants s'amuser, mais, en se penchant davantage, la juge comprit d'où venait le malaise qu'elle avait ressenti en voyant ces arrangements de loin. Si enfants ici il y avait, il s'agissait d'enfants particulièrement cruels, car les jeux qui avaient été représentés n'étaient sûrement ni drôles ni angéliques malgré le rictus outrageusement rieur qui avait été tracé sur leurs figures grotesques. On eut dit que toutes ces petites mises en situation évoquaient le même groupe d'enfants. Ils étaient quatre, l'un d'eux beaucoup plus grand que les autres, trois qui avaient la même taille. Tous étaient aisément reconnaissables d'une représentation à l'autre. Cependant, dans tout ce qui était montré là, il était clair qu'un des petits avait été la cible des brutalités des autres. Vivement intéressée, la juge se pencha en avant et tenta de voir s'il y en avait encore qui lui apporteraient des renseignements supplémentaires. C'était le cas, les scènes les plus dures étaient stockées à l'arrière des premières. On pouvait voir la même petite silhouette recroquevillée, les bras protégeant sa tête ou alors fixée à un arbre tandis que les autres pointaient des doigts moqueurs dans sa direction ; une fois, on avait l'impression que les trois ignobles lui lançaient des pierres ; bref, plus on s'attardait sur les détails et plus on était consterné. Balestrini leva la tête vers les deux hommes présents dans la pièce :

— Qu'est-ce que cela ? demanda-t-elle.

— Elle ne modelait que ce type de figure ! Comme si elle était hantée par des images du passé dont elle ne parvenait pas à se défaire.

— Savez-vous de qui il est question ?

Le vieux sculpteur lui répondit avec réticence. Ses cheveux blancs se dressaient en halo autour de la tête.

— Nous avons tous des cadavres enterrés dans nos placards et toutes les formes d'art sont une manière de les enfouir proprement. Chaque œuvre que vous voyez ici, chacune de ces statues contient le même type d'histoire même si, contrairement à ce que vous avez devant les yeux, cela paraît moins évident (Il fit une pause). Nous ne sommes pas une génération de personnes habituées à se mêler d'histoires d'enfants et vous savez comment cela se passe ! Ils se réconcilient que les adultes se battent encore. Ces quatre-là — il montra les modelages —, ces quatre-là, on ne pouvait pas les séparer même si leurs jeux, quelquefois, étaient un peu brutaux. Ils ont grandi, la vieille Maria ne les a plus revus très souvent. Elle se languissait d'eux, voilà tout. Si cela ne vous ennuie pas, madame la juge, nous avons à faire.

— Elle s'appelait comment, votre vieille dame ?

— Maria Rocca ! Elle est morte il y a quelque temps.

— Elle a de la famille dans le village ?

— Pas dans le village non, plus personne n'est revenu depuis longtemps ! Du reste, elle est restée fâchée avec nombre de ses petits parents.

— Fâchée ? Pourquoi fâchée ?

— Bah ! Vous savez comment c'est ! Les vieux, on ne s'en occupe que quand on a quelque chose à leur demander. Il ne faisait pas l'ombre d'un doute que le sculpteur auquel elle s'était adressée en savait bien plus long qu'il ne voulait bien le dire, mais qu'elle n'en tirerait rien de plus.

— Seraphina, appela-t-il en direction de l'arrière de l'atelier, sois gentille de reconduire madame, qui a à faire ailleurs !

Une jeune femme dont le visage lui rappelait quelque chose la précéda. Ce n'était pas grave, elle avait son temps. Officiellement, de toute façon, l'enquête avait pris un autre tour, ce qu'elle venait chercher était personnel ; une vague intuition, tout au plus, comme un moucheron qui vous empêche de dormir… Elle en avait déjà amplement appris : cette dame que, parfois, Ansideo appelait sa grand-mère et d'autres fois « *petite parente* », lui avait légué sa maison ou une de ses maisons ; de plus, elle en avait la certitude absolue : l'écrivain était un de ces quatre enfants représentés là. Lequel ? C'est ce qui restait à découvrir. Ayant poliment mais froidement salué, la juge Balestrini longea l'ancienne demeure du colonel Quenza qui avait failli être brûlée par Napoléon en représailles politiques parce qu'il avait rejoint les rangs de Pascal Paoli, mais qui se dressait encore en retrait de la nationale ; puis, elle passa devant la vieille fontaine, devant l'église, avant de se diriger vers la tour de guet restaurée et reconvertie en mairie, debout légèrement en deçà des murs d'enceinte. Nul n'était besoin de faire preuve d'une belle imagination pour voir l'antique cité derrière les oripeaux neufs d'une civilisation contemporaine qui, tout bien considéré, avait peu affecté les lieux. La secrétaire de mairie marqua nettement son mécontentement quand elle lui avoua rechercher les registres de naissance des années 1945-1946-1947 !

— *Avà ?* Il va falloir que je fouille ! Mais vous voulez quoi exactement ?

Elle avait un air gentil, la juge hésita ; elle ne savait que trop la vitesse à laquelle circulaient les rumeurs et combien elles étaient déformées ! Ansideo lui pardonnerait-il cette incursion dans son passé ? Elle se rendait compte, parfaitement compte, que, sur la base d'un vieux film et d'une vague intuition, elle était peut-être en train de compromettre la relation la plus importante de sa vie mais elle savait, avec la même certitude, qu'elle ne connaîtrait plus un instant de paix tant qu'elle n'aurait pas de réponses aux questions qu'elle se posait. La fille eut un sourire d'excuse, elle lui expliqua, l'autre resta perplexe et puis, avec un grand sourire lui dit :

— Les tenants et les aboutissants de cette génération-là, il n'y a que les vieux qui les connaissent ! Je crois que je connais quelqu'un qui saurait vous répondre. Tenez, descendez à votre gauche, après la Poste et du même côté que les châtaigniers, il y a une grande maison grise ; avec un peu de chance, le Louis, il sera devant la porte, sinon, n'hésitez pas à frapper, il n'y a plus tant de gens qui vont la lui faire, la conversation !

Elle suivit les indications données et trouva, comme annoncé, un petit vieux, les mains appuyées sur une canne de bois de genévrier, usée et patinée par les ans, qui dardait un regard vif sur le monde sans broncher.

— Pardonnez-moi de vous déranger, monsieur, mais auriez-vous quelques minutes à m'accorder ?

— *Certamente!* dit le vieillard avec un large sourire, qu'est-ce que je peux faire pour vous ?

Elle lui expliqua qu'elle aurait voulu savoir s'il avait connu les enfants du village juste à la fin de la guerre et, tout particulièrement, les enfants de Maria Rocca. Il soupira longuement.

— *Aspete,* tout ce qu'on enterre, où qu'on le mette, finit toujours par remonter à la surface. Il arrive que cela prenne du temps, mais cela remonte toujours et partout...

Raffaëla prit place sur le banc de pierre à ses côtés, il parlait doucement en roulant les « R » avec l'intonation que n'ont plus que les vieux. Elle s'arma de patience, consciente qu'une parcelle de vérité allait surgir ici et qu'il allait falloir la mériter.

— Quand Marco Pietri rentra de la guerre, il était bien fatigué. Il avait eu le pied gelé et maintes autres blessures, mais, ce qui allait mal chez lui, c'était l'âme. Comme s'il en avait laissé une partie là-bas, sur les champs de bataille… Nous l'avions vu partir avec Ghjacumu mais c'est seul qu'il est revenu et il a refusé de parler. À la famille de « Ghjacu », il a juste dit qu'il allait bien. Moi, je n'avais pas été enrôlé ; de sa canne, il montra un pied-bot enfermé dans sa chaussure orthopédique. Plus d'un an plus tard, ceux qui avaient été en troupe d'occupation et qui n'avaient pas trouvé de travail ailleurs sont revenus à leur tour… « Ghjacu » n'a pas été dans les premiers, il s'en est fallu de beaucoup, mais il a fini par arriver fin 47 ou peut-être en 48, je ne me souviens plus trop bien. Or, il n'est pas rentré seul ! Dans les bras, il avait un petit garçon aux yeux noirs, aux cheveux bouclés, un enfant sauvage qui pointait sur le monde la foudre de son regard. Le soldat n'a donné aucune explication, ni à ses parents ni à ses amis, il a dit : « *C'est mon fils et que le premier qui trouve à redire vienne me l'expliquer en face !* ». Mais le nom de l'enfant était Rachid ben Hadj Moha. Ce n'était donc pas son fils ! Alors, nous avons cru qu'il avait fait une promesse à un mort et qu'il prenait le gosse d'un autre à sa charge. Il s'est marié avec la Maria qui était sa promise et ils ont eu encore un garçon. Le problème, c'est ce que si le plus jeune s'appelait bien Ghjuvan Rocca, l'autre, l'aîné, il avait toujours pour nom Rachid ben Hadj Moha et que les « ben quelque chose », pour personne, ils n'étaient corses, à l'époque. On se demandait ce qui lui avait pris, à notre « Ghjacu », de le ramener celui-là ; le Mouloud, son ami de la guerre, il devait bien avoir de la famille ! S'il avait laissé un gosse, le copain de tranchée, sa terre d'origine lui aurait été sûrement plus salutaire que la nôtre ! Et alors, Marco nous a raconté l'histoire de leur amitié à ces deux-là, mais quand il en parlait, allez savoir, il y avait quelque chose de mauvais dans ce sentiment. Alors, le petit, quelque part, il a souffert de tous ces *sguardi* posés sur lui, de cette curiosité qui s'est aggravée quand il a eu l'âge de comprendre ! Les enfants grandissent, les parents vieillissent… Marco avait, lui aussi, eu un garçon en ces temps… Attendez que je me rappelle, en 46, je crois. Ici, il n'y avait qu'une classe unique, les gosses traînaient ensemble… Le fils de Marco avait conçu pour Ghjuvan le même genre d'amitié orageuse que celle que leur père avait vécue et il n'avait de cesse d'écarter le grand, qu'il appelait ouvertement le « gris », le « bougnoule », je vous en passe. La Maria, elle, faisait de son mieux pour que les choses soient justes et que les enfants ne souffrent pas. Je lui parlais souvent à Maria, j'avais la boucherie du village et c'est toujours pour les gosses qu'elle avait le souci. Elle craignait l'influence du fils de Marco sur le sien qui était fragile. Mais la vérité était que Maria était faible, peureuse et qu'elle craignait que, sur un coup de folie, le mari qu'elle avait attendu si longtemps ne reparte. Quand il a eu seize ans, Ghjuvan s'en est pris à son père, violemment, lui reprochant d'avoir ramené le « bicot » à la maison et de le traiter comme son propre fils. Ghjacumu a tenté de lui expliquer qu'il avait fait une promesse et qu'un homme qui se respecte honore ses serments, mais le gamin n'a rien voulu savoir. À cette époque, déjà, Rachid faisait le berger sur les hauteurs de Quenza et il avait un joli troupeau. C'était un garçon travailleur et silencieux qui ne manquait pas de fournir sa mère en légumes et qui lui portait des fleurs une fois la semaine. L'autre, le plus jeune, avait été plus gâté, il se cherchait, il ne savait rien faire de ses dix doigts ! On le trouvait sans peine à *La partie de cartes*, le bar.

Il soupira, les cartes et le bar, c'était l'histoire de tant ici en quête d'eux-mêmes jusqu'à l'heure du dernier soupir…

— Enfin, pour finir, il a fait comme tout le monde, il s'est rangé, mais pas comme il aurait fallu, pas bien, et avec sa femme… cela n'allait pas non plus, ils ont fini par se séparer, mais ils avaient eu un garçon, Antoine quelque chose, un drôle de nom… Antoine ne lui suffisant pas, il avait ajouté un vieux prénom que personne ne pouvait retenir… Le petit-fils de Marco, celui que son fils a eu dans les mêmes années, vous le connaissez, c'est ce Jules qui a si mal terminé qu'il en a fini accroché sur un poteau…

À l'énoncé de cette nouvelle, le cœur de la juge battit à tout rompre, elle avait compris la suite ou, du moins, le croyait-elle.

— Le seul qui avait fait des études avait été le fils de berger.

Le vieux, lancé, continuait.

— Ce taiseux de Rachid avait rencontré un jour de marché la cadette des Castelli, chacun avait plu à l'autre et les parents avaient apprécié cet homme travailleur et doux. Il y avait du bien du côté de la femme, ils ont pu faire partir leur unique garçon au lycée et, plus tard, dans une école d'ingénieur. Celui-là, il a fait des jumeaux.

Pour le coup, elle ne s'y attendait pas, Raffaëla ; elle manqua choir du banc !

— Oui, des jumeaux ! Des garçons éduqués et sages qui venaient passer les vacances auprès de la grand-mère et du grand-père qu'ils aimaient beaucoup. Forcément, tous ces enfants du même âge, ça jouait ensemble, on les voyait cavaler dans tous les chemins, menés d'une main de fer par Jules, qui s'était fait chef de bande et qui n'avait que des diableries dans la tête. Ce gosse avait fait siennes les vieilles amertumes du grand-père et il n'y avait rien qu'il ne trouvât pour faire le plus de mal possible aux jumeaux. À un, tout particulièrement, d'ailleurs... Comment s'appelaient-ils, attendez... Leur père était féru d'histoire et leur avait donné des prénoms à dormir dehors...

— Ansideo ? susurra-t-elle.

— Oui, l'un s'appelait comme cela, mais l'autre, attendez, l'autre, son nom c'est Graza ! Ces deux-là, ils n'allaient jamais l'un sans l'autre, ce qui arrivait à l'un faisait souffrir l'autre, la grand-mère les adorait et l'Antoine-machin, il n'aimait pas cela du tout, alors il se rapprochait de plus en plus de Jules et les jeux devenaient de plus en plus cruels…

— Les jumeaux ne réagissaient pas ?

— Vous savez, madame, à l'école de mon époque, on étudiait encore les bons auteurs classiques et, parmi eux, il y avait La Boétie.

Elle leva les yeux au ciel, il s'en rendit compte, la fit patienter d'une pression de la main sur le bras.

— Vous savez de quoi il parlait, le copain de Montaigne ? Il disait que si certains avaient la volonté de puissance, d'autres avaient la volonté de soumission et que l'être humain est ainsi fait que, pour qu'il y ait un bourreau, il faut aussi qu'il y ait une victime. Il disait encore que l'homme le plus libre n'est pas celui qui commande, parce que celui-là est responsable, mais celui qui obéit parce que celui-ci ne se pose pas de question et n'est responsable de personne. Pourquoi ces choses arrivèrent-elles ? Je ne le sais pas ! Je pense que si « Ghjacu » avait été logique, il aurait dû adopter le petit Rachid, lui donner son nom, effacer le passé, mais cette infime réticence marquée à l'accepter comme de sa famille était devenue l'abîme qui faisait des deux jumeaux des parias.

— Puis un jour, le jeu a mal tourné ? demanda Raffaëla en pensant aux compositions de terre de Maria.

— Oui ! Le 12 janvier de cette année-là, Jules a attaché le jeune Ansideo dans la cave du château à un tuyau de plomb, il l'a déshabillé et il lui a enroulé des couleuvres mortes autour du cou puis ils l'ont laissé là, Antoine et lui, tandis que son frère Graza avait été envoyé au loin sous un prétexte futile. La pièce était fermée par une grosse porte, le gosse a crié et personne n'a rien entendu. La nuit est tombée, Maria s'est inquiétée, on ne l'a trouvé qu'au petit matin, en hypothermie, cataleptique, emmuré en lui-même plus sûrement qu'en une prison hermétique. À la suite de cela, Jules a été scolarisé à Bastia, Antoine envoyé à Marseille, on ne l'a jamais revu à ma connaissance par ici. Les deux jumeaux non plus, je n'ai pas su ce qu'ils étaient devenus, mais un jour, Maria m'a dit qu'Ansideo était devenu un monsieur… Voilà, vous connaissez toute l'histoire.

Elle était complètement sonnée par les révélations du vieil homme ! Elle resta là sans parler, attendant que les informations cessent d'être cette masse compacte et douloureuse, qu'elles prennent leur autonomie, qu'elles s'individualisent. Elle avait du mal à croire que personne dans le village n'ait reconnu dans le nouvel habitant de la maison à la 4L l'enfant martyr d'autrefois, que ce nom d'artiste qu'il avait pris ait pu cacher le nom réel qu'on avait bien connu ici ! Elle comprenait qu'il n'ait pas eu envie de revenir ici et que le temps passé n'avait pas été du temps de trop pour oublier tout cela ; pourquoi diable était-il revenu ? Y avait-il un lien avec le cadavre de Jules Pietri découvert décapité ? Le silence dont il avait fait montre concernant l'enquête était surprenant dans la mesure où il connaissait si bien la victime... Il n'avait jamais posé la moindre question. La certitude était que, de quelque côté que portât son regard ces derniers temps, son comportement était indéniablement curieux.

Elle se dirigea vers l'antique demeure léguée par Maria sans savoir comment masquer les sentiments qui l'agitaient... En proie à la confusion la plus totale. Il n'était pas là ! Alors, elle fut lâche et, vite, griffonna un mot pour expliquer qu'elle avait été appelée en urgence, qu'elle préviendrait de son retour dès qu'elle le pourrait. *Il ne fallait pas qu'elle le rencontre maintenant, ce n'était pas possible.* Il n'était peut-être juste qu'une victime dans cette histoire, il ne fallait pas aller trop vite dans sa pensée, ne pas commettre d'injustice... Il était impossible... Elle n'osait formuler... Pressée, elle enfourna trois affaires dans son sac, s'apprêta à sortir et puis se ravisa, fonça au placard, farfouilla quelques instants, parvint à mettre la main sur la boîte à photos dont elle extirpa un cliché représentant le couple qu'elle avait déjà vu deux fois auparavant. Elle se rendit compte que, derrière la pile de chemises, à côté de la boîte, se trouvaient des dossiers et des volumes anciens. Elle saisit le premier de la pile, l'ouvrit. C'était une édition de *L'Odyssée*, en grec, interfoliée de traductions. Elle resta saisie, son cœur battait à éclater, tous les autres ouvrages traitaient de mythologie, de héros et nombre d'entre eux étaient bilingues. Elle hésita, prit le premier volume de la pile et s'enfuit.

XV

— Santini, il faut que je vous voie, c'est urgent ! Oui… bien, O.K. Je vous attends, je ne bouge pas !

Complètement dépassée par la situation, elle avait décidé de faire appel au commissaire. Elle tournait la photo dans ses doigts, triste, triste à en mourir d'affliction… C'était trop beau, bien sûr, c'était trop beau ! *L'Odyssée* gisait au sol au mépris de toutes précautions scientifiques, elle avait trouvé les passages qu'elle connaissait surlignés et annotés. Des feuillets couverts de son écriture portaient des passages en grec. *Il l'écrivait parfaitement.* Elle ne pouvait empêcher son imagination de galoper au loin et là où elle courait, ce n'était qu'Enfer et abysses. Un enfant traumatisé gravement dans son enfance, martyrisé par ses amis, se sentant abandonné de son frère, insuffisamment protégé peut-être par ses parents, revient accidentellement sur le terrain de jeu de ce passé douloureux. Pour une raison quelconque, il reçoit un choc, ce choc le fait basculer, il retrouve son tortionnaire, il se venge, trente ans plus tard. Oh, là, ne pas s'emballer, le soir du meurtre, il était avec moi… Oui, avec moi, et j'ai dormi comme une pierre, je me suis réveillée avec un mal de tête insupportable… C'était curieux, cet engouement soudain pour moi, j'aurais dû me méfier, mais quel meilleur alibi pouvait-il se procurer que de mettre la juge d'instruction dans son lit ? Il n'avait pas pu prévoir cela, il ne savait pas que j'allais le rencontrer à l'inauguration… Il a dû improviser ; peut-être que son idée première était moins bonne que celle-là… M'étonne qu'il ne m'ait jamais parlé de sa famille ! Il n'aurait plus manqué qu'il arrivât tout menotté…

Elle était étouffée par un mélange de rage, de colère, d'impuissance et de vraie détresse. Elle se rendait compte combien elle l'aimait à la douleur que lui provoquait le sentiment de sa trahison, elle l'avait vraiment cru, elle avait vraiment pensé qu'il l'aimait, elle faisait des projets d'avenir avec lui, elle devait se tromper, ce n'était pas possible, pas possible ! Mais plus elle y pensait et plus les pièces s'imbriquaient. Qui pouvait être la première victime ? Qui manquait-il dans cette histoire ? À qui pouvait-il en vouloir à ce point ? Et puis, lentement, elle sentit l'horrible de la situation l'envahir.

Elle aurait sincèrement voulu cesser de penser, arriver à croire que tout cela n'était qu'un mauvais rêve, mais n'y parvenait pas. Plus elle songeait aux derniers mois, plus elle s'éclairait intuitivement : elle avait senti qu'un élément n'était pas à sa place. Cette voix de fumeur qui n'avait pas pu se métamorphoser même avec l'arrêt du tabac, cette gestuelle plus assurée, plus libre de l'homme sur le film qui n'était pas celle qu'elle connaissait d'Ansideo... Elle ne pouvait s'empêcher de se remémorer l'exposé de Kouider, sa confirmation par la psy accréditée, le fait d'écorcher et de conserver la peau n'est pas anodin, c'est un acte long... Elle pensait que les mains qui avaient fait cela s'étaient posées sur elle, qu'elle avait fait l'amour avec une bête, que l'homme avec qui elle avait vécu ces derniers mois était une chimère ; elle le savait : de toute façon, seul un monstre pouvait avoir envie d'elle.

Elle tentait sans succès de revenir à la raison, réalisait qu'elle était la proie d'un délire, n'écoutait pas la logique, restait prisonnière de sa conviction, tentait de se rendre folle, y parvenait très bien, jaillissait de son fauteuil pour aller pleurer des litres, se moucher ; le temps passa et Santini arriva. Elle avait la tête d'un cadavre qu'on vient de repêcher d'un séjour prolongé dans l'eau. Elle lui tomba littéralement dans les bras. Il en resta stupéfait, ne s'attendant pas à une telle avalanche et surtout ne comprenant absolument pas ce qui l'avait provoquée. Il la fit asseoir avec beaucoup de gentillesse et, quand elle eut retrouvé son calme, il lui demanda de s'expliquer. Elle lui dit tout, les santons, les confidences du vieux, le film qui lui avait démontré que l'homme n'était pas celui qu'il disait être et, dans ce cas, la gémellité troublante, l'impossibilité de savoir où était son frère Graza, les photos, la femme, l'édition du livre avec le texte grec, le lui montra ; bref, elle mit à plat tout ce qui la tourmentait depuis le début de ses soupçons.

Il n'en rit pas. Au contraire !

— Je crains de devoir aller dans votre sens, madame la juge…

— *Basta*, Brandiziu, appelez-moi par mon prénom : je viens de me moucher dans votre veste, je vous ai pleuré dessus…

Elle se remit à sangloter. Il reprit, embarrassé :

— Je pense que votre intuition vous a menée dans la bonne direction, mais ce que je ne comprends pas, c'est la raison pour laquelle vous n'avez pas tenté l'amorce d'une explication avec lui ? Vous aviez peur ? Il me semble que c'est une des choses que vous auriez dû faire. Vous aviez peur ! Après une question, c'était devenu une affirmation.

Elle s'interrogea ; étrangement, non, elle n'avait pas peur, ce n'était pas la raison pour laquelle elle n'avait rien dit, elle n'avait pas sérieusement envisagé qu'il puisse lui faire du mal alors que la cruauté des deux meurtres et leur mise en scène laissaient supposer que cela était tout à fait possible. Elle s'était tue, sans aucune raison, sans rien de rationnel. Mais elle était sûre que ce n'était pas la peur qui était à la base de son silence. Elle refusa de s'interroger plus avant ! Il n'était pas temps pour l'introspection. Elle sortit la photo de sa poche.

— Il y a cela aussi ; maintenant que nous savons qu'ils sont deux frères, nous devons déterminer ce qu'il est advenu du second. Or, je sais que notre Graza était marié et qu'Ansideo a eu un accident de voiture qui a causé la mort de sa femme. C'est peut-être cela le choc qui a tout déclenché ?

— Ça, c'est une chose qui devrait être facile à retrouver, dit-il en regardant la photo; malheureusement, pour ce qui est de ce que le frère est devenu, j'ai bien une idée...

— Laquelle ?

Il pencha la tête, très ennuyé de devoir formuler ce qu'il était sûr qu'elle savait. Fichues bonnes femmes, avec leur hypocrisie !

— Il faudrait que vous y remontiez et que vous rameniez un échantillon d'ADN, cheveux, salive, ce que vous voudrez, ainsi que ses empreintes digitales... Si nous sommes en plein délire, il ne faut pas compromettre vos relations, cet homme a de l'importance à vos yeux; par ailleurs, nous ne pouvons pas risquer qu'il porte en place publique ce qu'il pourrait considérer comme des mauvais procédés de votre part. Imaginez: si on sait que le tueur est en réalité votre amant ! — Il eut une toux embarrassée — Enfin, bref ! Malheureusement, la situation est un peu compliquée... L'idéal serait vraiment que, d'une manière discrète, nous puissions comparer des échantillons d'ADN de l'homme de Quenza et du cadavre.

Elle était effondrée ! Bien sûr qu'elle y avait déjà pensé, elle aussi. Il était évident qu'elle venait d'arriver à la fin de sa carrière, que même si elle parvenait à minimiser son rôle aux côtés de cet homme, elle serait mutée et tout cela finirait mal.

— Je suis incapable d'y retourner !

— Belle preuve de courage !

— Ce n'est pas une question de courage, c'est une question... Ah ! — les mots lui manquaient —, essayez de comprendre ! Je vis avec cet homme depuis l'été et je n'ai que deux hypothèses : il est coupable et j'ai vécu avec un assassin. Il ne l'est pas et je l'ai suspecté du meurtre le plus odieux qui se soit commis. Dans un cas comme dans l'autre, je ne peux pas le regarder en face, aller là-bas pour prendre en douce des cheveux ou autre chose...

— Effectivement, vous pouvez bien mieux faire ! Une petite commission rogatoire ! Gentiment signée de votre main et portée par un quidam assermenté, cela lui fera tellement plus plaisir. Moi, ce que j'en dis, c'est pour vous, s'il ne s'agissait que de moi, l'affaire serait vite réglée... C'est vous le chef !

— Je sais bien que vous avez raison !

Elle se remit à pleurnicher.

Santini, les femmes qui fondent, qui se répandent, qui arrosent, qui se dissolvent, qui se liquéfient, qui se désagrègent, ça le mettait hors de lui, mais alors grave ! De plus, dans le cas présent, il se confrontait à sa propre volonté d'efficacité ; or, dans les faits, elle était tout de même sa supérieure. Que dire alors ? Il lui tapota le dos, l'air las. Elle ne lui plaisait même plus.

Elle était de toute façon arrivée à la même conclusion bien avant qu'elle ne la formulât à haute voix avec le commissaire. Elle savait, en outre, qu'elle s'était rendue ridicule pour rien. D'un autre côté, elle n'avait pas les moyens d'investigation pour retrouver seule le frère d'Ansideo.

Santini promit de s'en occuper le jour même à la condition qu'elle monte et qu'on soit absolument sûr que le jumeau manquant n'était pas celui qui avait été accroché à la sculpture. Elle promit.

XVI

Si, souvent, au cours des derniers mois, le trajet lui avait semblé long, cette fois, il lui parut bien trop court. Elle avait laissé passer la nuit sur ses réflexions et avait pris le temps de régler quelques dossiers avant de monter dans sa voiture. Elle connaissait chaque tournant. Chaque virage lui rappelait les pensées qu'elle avait eues au même endroit auparavant. Cette route, qu'elle n'avait pas hésité à appeler « *route du bonheur* » dans un élan de romantisme échevelé, était devenue son contraire absolu. Si elle avait pu, elle aurait elle-même rajouté des virages. Elle se rendait bien compte qu'elle était insensée, que les choses n'évolueraient que quand elle aurait des réponses exactes. Mais rien n'y faisait. Elle luttait contre les larmes qui l'envahissaient sans qu'elle n'y puisse rien. Qu'allait-elle lui dire quand elle allait le revoir ? Elle trouva de la place non loin de l'endroit où était abandonnée la 4L. Son cœur battait à se désagréger, elle avait conscience de l'état défait dans lequel elle apparaissait. Qu'allait-elle lui dire seulement ? Comme un film en accéléré, stroboscope, les images se télescopaient : repas aux chandelles, crapauds qui chantent, murmure de l'eau, corps emmêlés, confidences, doutes, bonheur, douleurs et tous ces rêves qui l'avaient précédée. Elle respira largement tentant d'endiguer le flot trop lourd et de retrouver un semblant de lucidité. Elle n'eut pas à pousser la porte. Il l'ouvrit lui-même.

Elle n'osa ni le regarder ni l'embrasser, anxieuse, indécise, angoissée, traversant la maison d'une traite pour aller dans le jardin, comme si elle craignait qu'il ne lui arrivât quelque chose à l'intérieur.

— Tu veux boire quelque chose ? demanda-t-il de la cuisine.

— La même chose que toi !

Il sortit portant un plateau, attentif à ne rien laisser tomber, beau comme il lui sembla qu'il ne l'avait jamais été. Elle aimait ses grands yeux noirs, elle aimait ses longs cils, elle aimait sa peau douce, elle aimait ses doigts fins... Elle se demandait si ce qu'elle aimait était ce qu'elle avait voulu voir, ce dont elle avait rêvé, s'il y avait eu la moindre once de vérité dans tout cela. Il l'avait regardée avec attention, mais n'avait pas posé de questions ; pourquoi cet homme n'en posait-il jamais ? Ils burent l'eau fraîche, avec des regards qui se fuient, aucun des deux n'osant prendre la parole. Pourquoi ne parlait-il pas ? Pourquoi la regardait-il ainsi ? Le temps s'étirait comme un chewing-gum que l'on élonge avec les doigts et qui a comme un goût de poussière, de crasse et d'âcreté quand on le remet dans la bouche. Elle ne prit pas vraiment la décision. Elle attendit qu'il s'éloigne, troublé par ce silence, puis fonça et, comme une voleuse, attrapa son verre, sa brosse à cheveux dans la salle de bains, une chemise sale dans le panier, claqua la porte, se jeta dans la voiture, paniquée à l'idée qu'il la suive, se dégoûtant de n'avoir su trouver les mots, écœurée de sa propre lâcheté, même pas tentée pourtant de revenir en arrière, de s'expliquer, sotte au-delà des mots. Elle était si mal que la route fila sans qu'elle n'en vît rien. Elle s'arrêta dans un hurlement de freins torturés à la « Scientifique », confia les échantillons au préposé en faction, la mine honteuse, sans lui donner d'explication, insistant simplement sur le caractère prioritaire de l'analyse.

— Doit-on prévenir le commissaire Santini ?

— Je m'en occuperai moi-même si c'est nécessaire !

Elle rentra au bureau, admonesta la greffière, s'énerva contre la secrétaire, se rendant antipathique à tous, ne parvenant pourtant pas à l'être autant qu'elle l'était à ses propres yeux. Plus tard, de retour chez elle, elle avala rageusement un cachet pour dormir, hésita devant la bouteille de vin blanc, fut raisonnable quarante secondes, la déboucha, avala trois verres coup sur coup, culpabilisa, consciente de l'enquête qui courait, ainsi que de sa responsabilité, s'endormit comme un sac. À plusieurs reprises, au début de la nuit, il appela : elle avait le cœur qui battait du tambour tandis que le numéro s'affichait, mourant d'envie de répondre ; pourtant, elle ne le fit pas.

Elle eut l'impression, en plein milieu de l'obscurité, qu'une bombe était tombée dans son appartement. Péniblement, elle ouvrit un œil, sonnée par le cachet, affolée de bruit, ayant nettement l'impression que ses cauchemars se concrétisaient dans la vie courante. Il était debout devant elle. Lui ! Ansideo était debout devant elle ! Il avait poussé la porte de sa chambre avec une telle force que la clenche en avait fait tomber le plâtre des murs. Ralentie par les neuroleptiques, elle avait du mal à articuler deux pensées cohérentes… Comment avait-il pu rentrer ? Ah ! La clef, elle la lui avait donnée de son propre chef même s'il n'en avait jamais fait usage. Que lui voulait-il ? Elle sentait la frayeur monter en elle, combattue par les produits chimiques qui l'enlisaient. Il lui imposait sa haute stature menaçante au pied du lit. Elle s'attendait à ce qu'il hurle ; pourtant, c'est d'une voix très calme qu'il prit la parole. Dangereusement calme et implacable.

— Tu es vraiment une femme formidable ! Une de ces femmes sur laquelle un homme peut se fier sans problème. La vraie Corse, par ailleurs. Celle qui défend son homme en toutes circonstances. Pas une de ces traîtresses promptes à soupçonner ou à dénoncer. Pas du genre par exemple à fournir à la justice des éléments à charge contre celui qu'elle prétend aimer. Pas du genre non plus à dire « Je t'aime » pour mieux planter un couteau dans le dos.

— Écoute ! amorça-t-elle la bouche pâteuse.

— Eh bien, oui justement ! J'aimerais bien écouter ! Écouter ce que tu as à dire ! Mais Madame ne dit rien ! Madame la juge ! J'aimerais bien comprendre ! J'aimerais bien que tu me dises comment tu en es arrivée là ! Y avait-il la moindre miette de vérité dans ce que tu es, dans ce que tu m'as confié, dans les gestes que tu as eus ?

Il se faisait de plus en plus menaçant, de plus en plus agressif, de plus en plus nerveux...

Les émotions qui secouaient Raffaëla à ce moment-là ressemblaient assez fortement au sentiment que les biches éprouvent face à un prédateur. Une sorte de fatalité, une manière d'*à la grâce de Dieu* presque rassurante dans son fatalisme puisqu'elle transmet à l'autre toute la responsabilité de l'action. Elle n'avait *même pas* peur. Elle aurait dû, mais rien à faire, elle était fascinée, captivée, foudroyée tandis qu'une sorte de renoncement mou lui refusait tout mouvement. Finalement, tout bien considéré, c'était mieux comme ça !

— Je ne sais pas si je te pardonne moins le fait que tu me soupçonnes, le fait que tu n'aies pas eu le courage d'amorcer la moindre conversation ou si c'est celui de penser que, peut-être, tu m'as menti dès le début.

Il s'était avancé les mains tendues en avant comme pour l'étrangler, pour la saisir ou pour s'opposer physiquement aux pensées terribles qui l'assaillaient.

— J'admirais ce qu'écrivait Ansideo !

— Ah ! J'apprécie doublement : le passé et le fait que tu parles de moi à la troisième personne.

— Tu n'es pas Ansideo ! J'ai une vidéo de lui ! Tu n'as pas ses gestes ! Tu n'as pas sa voix ! Tu n'as pas son assurance ! Tu n'es pas lui ! C'est tout !

L'affirmation déstabilisa l'homme. Il ne s'y attendait pas. Il y eut quelque chose de triste et de blessé dans son visage. Comme quelqu'un qui cherche à échapper à quelque chose, un « numéro 6 » en permanence confronté à l'absurde difficulté de trouver un sens à sa vie, une porte de sortie, un Patrick Mc Gohan plus vrai que nature.

— Tu ne t'es jamais demandé si ce n'était pas lui qui prétendait être ce qu'il n'était pas ?

Ce qu'elle eut l'impression de lire sur son visage lui fit éprouver une sorte de faute incurable. Il n'avait pas tort. Elle avait fait son procès à une vitesse confondante. Mais elle savait au fond d'elle-même qu'elle avait raison. Le savait-elle ? Elle n'avait pas de réponse, attendant qu'il prenne une décision, se remettant entre ses mains ; d'une certaine façon, elle avait mérité ce qui allait lui arriver… Ma pauvre fille, tu deviens complètement folle ! Ce sont ces cachets ! Elle tenta de lutter contre l'engourdissement qui la paralysait, n'y parvint pas ! Ses yeux se refermaient. Il était toujours là, c'était la fin…

En se réveillant le lendemain matin, elle avait eu, dans un premier temps, toutes les raisons de croire qu'elle avait fait un rêve angoissant, mais le trou béant, là où le plâtre était tombé, ne prêtait pas à confusion. Il aurait pu la tuer s'il l'avait voulu.

Il ne l'avait pas fait.

Pourquoi ?

Il tient à moi… Elle avait encore la tête encombrée et les idées confuses, mais elle savait une chose : il ne lui avait pas fait de mal. *Il tient à moi…* Pauvre idiote, il est impossible à un psychopathe de s'attacher !

Elle appela le laboratoire pour la carte génétique, mais c'était trop tôt. En revanche, le groupe sanguin de l'écrivain coïncidait avec celui du premier cadavre. Bien qu'elle l'eût au plus profond d'elle toujours su, la nouvelle la brisa. L'« écorché » était son jumeau !

Quand Santini l'appela, ayant reconnu son numéro, elle ne décrocha pas, incapable de parler et se demandant toujours s'il fallait prévenir de la visite nocturne d'Ansideo ou s'il valait mieux la taire. Elle se laissa le temps de la réflexion, le temps tout au moins de savoir avec certitude si la première victime était Graza ou Ansideo, on ne savait plus qui était qui ; d'autre part, si le commissaire avait pu trouver des nouvelles de l'épouse décédée, des conditions de sa mort, bref de toutes circonstances concernant ce frère dont on savait trop peu de choses encore.

Elle se sentait incommodée, vraiment malade. Pas malade pour faire semblant, pour garder le nez sous la couette, non… étymologiquement malade : *male habitus*, en mauvais état, ou habitée par le mal, selon elle… Elle avait le devoir de demander son dessaisissement ! Elle n'était plus capable de mener cette enquête à terme. Il semblait clair, de toute façon, qu'elle ne l'avait jamais été. Les faits étaient irréfutables.

Elle se traîna à la cuisine dans son pyjama humide de sueur et chiffonné, assise devant la cafetière, regardant les gouttes tomber comme elle avait regardé couler la raison qu'elle avait de vivre. Elle n'avait aucun doute sur les résultats de l'analyse qu'elle avait demandée. S'il restait encore à affiner les motifs, elle était à peu près certaine qu'ils avaient mûri dans le passé d'un choc émotionnel qui n'attendait que le retour sur les lieux du drame pour resurgir. Les statues, l'ambiance, tout avait concouru pour faire revivre des souvenirs traumatisants. La douleur avait envahi l'écrivain, la mémoire réveillée avait réclamé son lot et le frère et le tortionnaire avaient été punis, l'un pour un impardonnable abandon, l'autre pour l'acte. Mais il avait fallu *plus que cela*. Tous les enfants dont les jeux se finissent mal n'écorchent pas leurs frères. Où s'était situé ce facteur déterminant ? Elle pensa à la photo de l'épouse avec l'homme à la cigarette dont elle ne pouvait dire le nom… le crime ; elle avait été à ses côtés, elle était sa « bonne excuse », il ne pouvait en avoir de meilleure puisqu'à l'heure de l'homicide, *ils étaient ensemble*. Les idées se télescopaient au sein d'une tête aussi douloureuse que si elle avait trop bu.

Elle avait trop bu ! Et, de fait, il lui revint à l'esprit que le matin où elle avait découvert l'horrible forfait, elle s'était réveillée avec la tête dans le même état. Elle avait compris ! Il l'avait droguée ! Alcool et cachets, il lui avait fait un brouet de sorcière ! Il ne pouvait y avoir d'autre explication possible. *Il l'avait droguée.* Toute leur relation était basée sur la nécessité qu'il avait de se forger un emploi du temps indestructible.

Elle se mit à pleurer.

On frappa avec violence à la porte. Elle se tendit comme une corde bandée, il ne lui avait pas rendu les clés, pourquoi tant de bruit ? Parce que ce n'était pas lui. Tout simplement !

— Alors, Raffaëla, vous l'ouvrez, cette porte ? Je sais que vous n'avez pas volontairement décroché votre téléphone ! Mais il va falloir arrêter vos conneries !

Santini était en train de s'exciter dehors, manifestement furieux. Ce ne serait pas l'heure de livraison de croissants. Se laissant couler jusque-là, elle ouvrit. Il était furibond.

— Cela ne vous suffisait pas d'entretenir une relation avec le coupable d'un double meurtre ? Lorsqu'il débarque chez vous, vous le laissez entrer et vous ne signalez pas ensuite que vous avez été menacée. Vous êtes, pardonnez-moi, non seulement incompétente, mais, de plus, inconsciente.

— Vous m'avez fait surveiller ?

— Non ! Je l'ai fait surveiller *lui* ! J'avais quand même une responsabilité puisque c'est moi qui vous ai dit de retourner là-bas. Et vous l'avez fait !

— Comment le savez-vous ?

— J'ai des potes à la B.S. ! Et puis, *madame la juge*, on est en Corse, ici, on ne communique pas entre services, mais on parle entre copains. Le légiste est un petit parent !

Sa race ! pensa-t-elle, quand je pense que je lui faisais confiance, à celui-là.

— Ah !

Elle avait le désagréable sentiment d'être une enfant admonestée, trouvait qu'il exagérait ; non, il n'exagérait pas, c'était elle qui avait un problème.

— Vous voulez du café ? dit-elle piteusement.

— S'il est fait de la même façon que vous menez vos enquêtes, il doit être sacrément amer !

Il l'était.

Il grimaça.

— Je vous emmerde, bougonna-t-elle sans le regarder.

Alors qu'ils étaient tous deux à la cuisine, tandis qu'elle ne cherchait même pas à cacher ce pyjama trop mou et si moche, elle expliqua d'une toute petite voix :

— Il ne m'a pas menacée, il voulait juste une explication, que je ne lui ai pas donnée d'ailleurs, il a raison de m'en vouloir. N'importe quel homme à sa place aurait réagi de la même façon. J'étais un peu bourrée, en plus…

Il leva les yeux au ciel ; décidément, c'était une plaie, cette femme, le chaos. Il avait horreur du désordre.

— Il n'est pas n'importe quel homme ! C'est un meurtrier extrêmement dangereux ! Un type qui a tué son frère, qui l'a écorché — il martelait —, qui a accroché son cadavre à une sculpture ! Mais dans quel monde vivez-vous ? Vous avez comme moi constaté que le groupe sanguin coïncide ! Vous savez, comme moi aussi, que la carte génétique coïncidera ! Qu'à la rigueur, vous considériez qu'il ait besoin de se faire aider dans un service médical plus que de se faire punir, c'est un discours que je pourrais comprendre de votre part, mais le fait est que nous représentons la société ou, du moins, cette part de la société qui dit qu'il faut attraper les coupables et les punir, en faire des exemples pour montrer que le groupe social est une entité cohérente.

Il s'exprimait avec véhémence, voire même avec un soupçon d'agressivité.

— Vous l'aviez mis sous surveillance ?

— Bien sûr !

— À quel titre ? Vous avez été dessaisi de l'enquête !

— Au titre que je l'ai décidé et que j'avais raison ! En parlant de dessaisissement, je pense que c'est le moment pour vous de rédiger un dossier bien réfléchi afin de passer le bébé plus loin. Parce que, sans vouloir vous affoler, vous êtes dans une drôle de merde. Vous avez trop chauffé l'eau du bain et le nourrisson est mal en point, c'est le moment de le confier aux urgences…

— Je sais ! Pas besoin de me le rappeler ! Je n'aime pas vos métaphores, Santini, elles sont obscènes.

— Il n'y a pas à dire ! rigola-t-il, vous faites les choses bien ! Certaines se contentent de planter leur vie affective, d'autres leur vie professionnelle, vous, d'un coup, d'un seul, vous faites tout exploser. Et, en plus, vous trouvez ceux qui vous aident trop *peuple* pour vous. *Veru*… Il ne faut rien changer, vous êtes un modèle livré avec toutes les options.

Il riait franchement. Ce n'était pas agréable. Elle sentit la colère monter en elle. Il s'en fichait, il continuait.

— Quand je pense qu'à un moment, j'ai eu un petit sentiment pour vous ! Mais vous êtes une femme à fuir !

En réalité, il pensait *à tuer*, se tut *in extremis.*

— Santini, ce n'est pas parce que vous me voyez en pyjama qu'il faut vous sentir habilité à dépasser les bornes. Je vous remercie d'être présent. Mais je vous prie de garder vos distances et vos réflexions d'*homonculus machus* de base pour vous. À ma connaissance, justement, et Dieu merci, nous n'avons gardé ni les vaches ni les draps de lit ensemble. En conséquence de quoi, je vous prie de veiller à rester dans les limites de ce que vous êtes autorisé hiérarchiquement à me dire. Elle se leva, se dirigeant vers la salle de bains avec le maximum de dignité possible.

— *Homonculus !* Mais je rêve, pour qui vous prenez-vous ? Vous êtes quoi, vous, dans cette histoire ? Pardon, j'ai un nom !

— Gardez-le surtout pour vous, ne dites rien !

Il y eut un très, très long silence.

— Que fait-on maintenant ?

— On attend la carte, mandat d'arrêt, interrogatoire, on essaie autant qu'on pourra de vous faire disparaître des rapports, en tant que femme je veux dire, enfin en tant que tout, lâcha-t-il dégoûté, on boucle l'enquête.

— Il faut que je lui parle avant !

— Mais vous êtes malade !

— Non ! J'aurais juste dû le faire plus tôt !

— Ah ! J'ai oublié de vous faire part de ceci !

Elle passa la tête par la porte, il lui mit un document entre les mains, elle regarda la première phrase, enfila sa robe de chambre — qui était pire encore, tant dans la couleur que dans la fraîcheur, que son pyjama — et ressortit. Il la suivit au salon, où elle s'affala dans le canapé, plongée dans sa lecture.

Les registres de l'état civil indiquaient clairement qu'Ansideo avait été marié à une femme du nom de Marine Ottavi et dont il avait divorcé huit ans plus tard.

— Divorcé ? demanda-t-elle en regardant le commissaire.

— Poursuivez ! dit celui-ci. Elle obtempéra.

— Marine Ottavi est décédée dans un accident de voiture dont le conducteur était Graza ben Hadj Moha ! Attendez, là, je n'y comprends plus rien !

— J'avoue que moi non plus ! C'est la raison pour laquelle il faut absolument lui parler.

Lui parler mais dans le cadre, très officiel et très encadré, d'un bureau du commissariat. Hors de question de vous mettre en danger dans une petite conversation privée dont vous n'avez aucune chance de sortir.

XVII

Quand, bien plus tard, elle descendit l'escalier aux larges marches qui desservait son appartement, elle souffrait encore de migraine. Sa démarche était flageolante, mais elle était moins instable, finalement, que ne l'étaient ses sentiments. Elle avait l'impression nette de s'être mal comportée et cette culpabilité, amère comme le fond d'une tasse de son mauvais café, lui donnait l'impression d'avoir des remontées de bile dans la bouche. La lumière du jour lui blessa les yeux, elle ne se souvenait plus de l'endroit où elle avait garé sa voiture et ses mains fourrées à l'aveuglette dans le sac ne trouvaient pas les clés. Pourtant, c'était bien cette possibilité d'allumer les phares à distance. On était sûr de la retrouver, la machine. Misère, comme la lumière était vive ! Le trottoir ondulait. On la bouscula, on la projeta en avant, on l'arracha de la sphère nauséeuse et mouvante dans laquelle elle évoluait.

Elle n'eut pas le temps de réagir ! On lui avait saisi le bras et l'avant-bras avec vigueur, elle fut projetée dans une voiture qui démarra aussitôt et, si elle ne perdit pas totalement conscience, du moins était-elle assez groggy pour ne pouvoir réagir durant les premières minutes. Elle se rendit compte que le véhicule s'était engagé vers la sortie d'Ajaccio, qu'il arrivait presque au rond-point de Porticcio avant qu'elle ne parvînt à dissiper l'étourdissement qui l'immobilisait. Elle ne fut pas surprise de voir l'homme qu'elle avait aimé, et qu'elle suspectait à présent, conduire. Il avait un revolver d'ordonnance 1 892 sur les genoux, le tenant de la main qui n'était pas occupée par le volant. Il était froid, distant, calme et agressif.

— Nous avons besoin de parler ; comme tu ne veux rien écouter, je suis obligé d'utiliser les grands moyens. Je ne doute pas un seul instant que l'étape suivante pour moi soit l'incarcération. Je n'ai d'alibi que toi. Dans ton intérêt, ne bouge pas. Je ne te ferai pas de mal si tu ne m'en fais pas et si tu ne cherches pas à t'enfuir.

Elle ne doutait pas de sa détermination.

— Tu n'étais pas obligé de m'enlever ! Je t'aurais écouté sans que tu uses de moyens aussi dramatiques.

— Soit gentille, tais-toi ! — Il brandit l'arme — Je n'ai pas envie que tu me déconcentres. Nous parlerons quand il sera temps de le faire. On a dû t'apprendre que seuls les gens désespérés étaient des gens vraiment dangereux. Tu as fait de moi un homme désespéré. Tires-en les conclusions que tu voudras.

Ils gravirent les pentes bien plus vite qu'elle n'avait pu le faire même quand elle était pressée de le rejoindre. Ils furent à Quenza en moins de deux heures, dans le silence le plus complet. Venant d'Ajaccio, ils arrivaient du côté de l'église. Cependant, il ne tourna pas pour rejoindre la maison à la 4L. Il continua sa route.

— Où m'emmènes-tu ?

— Tu vas voir… Tu vas comprendre, expliquer ne sert à rien.

Il gara son véhicule en face de la grille du château. Elle ne faisait pas mine de s'enfuir, voire d'appeler. Pourtant, ses sentiments n'étaient pas ceux qu'elle avait ressentis la nuit où il avait fait irruption chez elle. Elle pensait plutôt que tout cela était logique. D'une certaine manière, tout avait été possible par son aveuglement. Il était fatal qu'elle soit la première punie. Elle se demanda si elle l'aimait toujours.

Qui peut dire, se vanter de plus, d'avoir arrêté d'aimer aussi vite qu'il a aimé ? Pas elle, en tout cas.

Le vent s'était levé, il courbait les arbres sous ses bourrasques. La terre mal séchée des pluies récentes exhalait des torpeurs de bourbe, des effluves de pourriture. Même si les faunes avaient été enlevés, leur lourde présence planait encore sur le parc ; en un certain sens, ils étaient plus présents encore dans leur âme que dans leur réalité physique. Il la poussa sur les sentiers où la végétation avait regagné le terrain perdu de l'été. Elle se retourna fugitivement, mais les habitants de la maison qui faisait face avaient gardé les volets clos. Personne ne les voyait. Peut-être Santini avait-il maintenu sa surveillance ? Il l'avait sûrement fait ! Auquel cas, la voiture suffirait à les faire repérer… Ses pensées étaient comme des papillons affolés captifs dans une chambre close… Aussi impuissantes que des insectes pris au filet. La demeure avait l'air plus sinistre encore que d'habitude, elle ressemblait à un être menaçant et borné, prêt à bondir. Ils gravirent les marches puis il la dirigea vers l'escalier du fond. Le plancher, gonflé, craqua sinistrement, il la poussait en avant.

— Nous ne pouvons pas monter, l'escalier est pourri, j'ai essayé déjà de le faire et j'ai rebroussé chemin. Si tu dois me tuer, il n'est pas nécessaire d'aller là-haut.

— Je suis content que tu aies émis l'objection, c'est toujours mieux de se rendre compte par soi-même ! Quand on explique les choses, il est difficile de croire ce qu'on entend ; par contre, quand on voit... Regarde bien les marches !

Elle baissa la tête.

— Ce que tu prends pour des taches de pluie ou d'humidité est en réalité un balisage extrêmement minutieux de l'endroit où tu peux mettre le pied. Tu suis la dalle tachée de marron. L'escalier a été sécurisé sur un très bref passage. Si tu te trompes, tu te fracasses en bas.

Ayant regardé ce qu'il faisait, elle réalisa qu'il avait raison. Des taches indiquaient certains carreaux de faïence sur lesquels le pied tenait à peine, mais qu'elle sentait plus résistants, moins élastiques et moins capricieux que ceux dont elle avait gardé le souvenir. Pourtant, son cœur commençait à s'emballer, car l'existence de cette montée, comme sa parfaite connaissance des lieux, formaient les éléments d'un aveu supplémentaire qui se rajoutait à son enlèvement. Elle ne doutait pas que l'endroit qu'ils allaient rejoindre était la chambre de torture que, vainement, ils avaient cherchée précédemment. Personne n'avait osé monter, personne n'avait eu le courage de mettre sa vie en péril pour aller vérifier dans les étages ce qui se passait… Ils ne s'arrêtèrent pas au premier, mais au palier du deuxième étage.

Elle eut une hésitation. Mourir, oui ! Se briser en bas des marches au milieu des plâtras était autre chose ! Mieux valait qu'il lui tire une balle dans la tête tout de suite.

— Cesse donc de t'inquiéter, je te l'assure, ce parcours a été sécurisé si on prend bien garde de suivre les marques. Crois-moi, c'est du travail sérieux.

— Je ne vois pas comment on peut sécuriser des planchers qui s'effondrent, des structures dévorées par les termites, des cages d'escalier perdant leurs côtes.

— Il faut croire qu'on peut le faire, ce n'est qu'une question de temps et de patience !

Elle eut le sentiment que son cœur se brisait.

Il passa devant, mais la tint fermement par la main. Ils montèrent ainsi au troisième étage.

Il traversa le palier et se dirigea vers la gauche en fixant nettement ses pieds. De fait, tout autour d'eux, le sol s'effondrait en vomissant sur les étages inférieurs.

— C'est impossible… murmurait-elle.

— Quelques I.P.M. judicieusement disposés par quelqu'un qui a eu tout son temps pour se faire une cachette tranquille. Un parfait maquillage tout autour, quelques trous savamment placés.

Elle ne comprenait pas trop quand il avait eu le temps de faire ce travail qui semblait avoir demandé beaucoup de disponibilité et de patience. Son ton était de plus étrange, comme indifférent, décalé, le ton d'un guide qui fait visiter un musée. Un ton lassé, déplacé. Ils parvinrent dans ce qui restait d'un espace très vaste, occupant tout un étage, sans mur de séparation. Toute la partie qui se présentait devant la porte était grand ouverte à l'exception d'une sorte de passerelle qui rejoignait le fond, autour de laquelle les sols s'ouvraient sur les étages inférieurs. Cette passerelle semblait faite d'un tricot de fils électriques et de vieux bois sur lequel couraient encore quelques lattes de plancher. Du menton, il lui fit signe d'avancer.

— Ah non ! s'insurgea-t-elle. Qu'on en finisse tout de suite !

— Avance, il faut que tu ailles là-bas ! Le ton de l'homme ne prêtait pas à confusion.

Elle avança donc, contrainte, et fut surprise de la résistance qu'elle trouva sous ses pieds. Il n'en demeurait pas moins que, dans les trous du plancher, elle apercevait le rez-de-chaussée. Il ne fallait pas être distrait. Elle se sentit aussi mal à l'aise qu'un funambule par grand vent. Ils parvinrent de l'autre côté. Elle se rendit compte que cette partie ne ressemblait pas du tout au reste de la maison. Les fenêtres en étaient solidement obturées, elles avaient été badigeonnées de noir et des chaînes avaient été fixées au mur. Le plancher était affreusement collant. Devant son regard épouvanté, il confirma :

— Oui, c'est bien là ! Qui aurait eu cette idée ? Qui aurait pensé même qu'on puisse le faire ? Un petit appartement tranquille ! Pas dérangé par les voisins ! Un endroit où on a tout le temps de s'entraîner ! Chiens ! Chats ! Pourquoi pas un touriste vagabond ! Histoire de se faire la main ! Le parc est vaste et, à partir du mois de septembre, on peut y creuser facilement en toute discrétion. Petit laboratoire d'expérience personnelle un peu trouble, terrain de jeu, personne n'aurait le courage de monter jusqu'ici. Personne.

— Ce n'est pas possible ! Ce n'est pas toi ! Je ne peux pas croire ce que je vois autour de moi ! Dis-moi que ce n'est pas toi !

— Non seulement tu l'as cru, mais tu l'as anticipé ! C'est bien de cela que tu as pensé que je m'étais rendu coupable et sur la personne de mon frère encore ! C'est bien pour confirmer tes soupçons que tu as récupéré mon verre et ma chemise ! Tu n'es donc pas déçue ! Tu es un brillant limier. Regarde autour de toi, regarde bien ! Tu as le lieu que tu cherchais, l'homme que tu cherchais, tu es contente ?

Elle n'osait lever la tête malgré les évidences. En l'emmenant ici, il avait avoué. Qu'ajouter de plus ? Qu'elle allait mourir ? Bien sûr que ce lieu la glaçait d'épouvante, mais ce qui lui faisait le plus mal était la douleur contenue dans sa voix. Il souffrait de son absence de confiance. Elle se rendait compte qu'elle l'avait vraiment blessé. Paradoxe du tueur découvert ? Il avait commis cet acte horrible et voulait sa confiance. Il n'y avait pas de vide affectif chez lui. Un autre fait la déstabilisait : il avait l'air absolument normal, pas du tout sous l'emprise d'une psychose ou d'une bouffée délirante ! Il était parfaitement semblable à ce qu'elle avait connu de lui. Cela signifiait-il quelque chose ? La peur qu'elle ressentait était surréaliste, distancée, il y avait quelque chose, dans tout cela, qui avait été trop rapide. Son mal de tête en était-il la cause ? Il suivait sur son visage le choc des pensées.

— Tu te demandes si tu ne t'es pas trompée ? Mais, puisque je connais cet endroit, c'est que c'est bien moi.

Il rit amèrement, un rire sale et froid. Alors, une lente terreur la gagna ! L'odeur du sang était bien présente et elle ne pouvait ignorer combien ses chaussures collaient au plancher. Elle commença à reculer lentement vers la passerelle.

— Ne bouge pas ! Ne fais pas un pas ! Nous devons rester ici pour l'instant… Il la tira par le bras et lui passa une menotte, une de celles qui pendaient au mur. Son contact répugnant la fit tressaillir. Il s'éloigna, repassa le petit pont ; elle l'entendit bricoler ; à son retour, il portait des cordes dont il fixa solidement l'une des extrémités à la seconde chaîne dans le mur.

— Je ne te propose pas de t'asseoir ! Cela manque de mobilier, ici ! Malheureusement, nous devons attendre un peu ! C'est exactement comme la messe de minuit, on ne la donne qu'à minuit ! Sinon, ce n'est plus une messe de minuit !

Son rire faisait mal !

Elle hurla, proche de l'hystérie :

— Tu savais qui j'étais dès le début ! Il te fallait un alibi ! Notre rencontre n'a rien du hasard ! Tout était déjà programmé. Tu mets la juge au lit, tu la drogues ; après, le tour est joué.

Il la regarda étrangement. Avec une douloureuse tristesse, mais n'en dit rien.

Comme les volets étaient tirés, qu'on y avait fixé des plaques noires pour que le jour ne pénètre pas ou bien qu'on ne puisse apercevoir des lumières depuis de la route — difficile tout de même dans cette passoire —, elle avait du mal à voir son visage. Il lui sembla qu'une ombre venait d'y passer. Mais ce ne fut qu'une impression. Tout d'un coup, ils se figèrent tous les deux. Ils avaient nettement entendu le bruit de la grosse porte d'en bas, celle qu'il fallait traîner sur le sol pour l'ouvrir.

— Ah ! Mon invité qui arrive !

La réflexion était complètement incongrue.

Elle espérait frénétiquement que Santini soit celui qui passe la tête au chambranle. Et puis, elle se rappela que personne ne pouvait monter cet escalier. Personne. Elle eut un accès de désespoir.

L'évidence qui la voyait perdue la frappa en plein visage. Elle entendait des bruits qui se rapprochaient. Quelqu'un était-il parvenu à s'approcher ? Ce n'était pas possible. Elle hurla :

— Attention ! Il est armé !

Il ne chercha pas à la faire taire ! On eut dit qu'il s'attendait à ce qu'elle crie. De toute façon, elle n'avait pas été bâillonnée. D'en dessous, on ne percevait plus rien ! Si quelqu'un avait tenté de monter, il s'était ravisé. Et puis, une tête jaillit d'un coup. C'était Santini ! Il l'avait bien fait suivre ! Dieu merci ! C'était un miracle.

— Santini ! Vous êtes parvenu jusqu'à moi ! Attention !

— Oh ! Mais ne crois pas qu'il risque de tomber ! Il connaît parfaitement le chemin puisque *c'est lui qui l'a conçu !* Il en a fallu du temps, hein, monsieur Antoine Brandiziu Rocca-Santini !

Se tournant vers la prisonnière, il expliqua :

— Santini est le nom de jeune fille de sa mère ! Ce monsieur est mon petit parent ! Il a changé de nom quand il a demandé sa mutation pour la Corse.

— Maria n'était pas plus ta grand-mère que son mari, Ghjacumu, n'était ton grand-père !

— C'est pourtant à nous, à mon frère et à moi, qu'elle a légué la maison !

— *Une* de ses maisons ! rectifia l'autre et je conviens volontiers qu'il s'agissait d'une erreur... Alors nous voilà rassemblés, enfin... Je savais que tu avais *compris*, je savais que tu avais compris depuis le meurtre de Jules. Tu avais dû essayer de joindre ton frère et, voyant que tu restais sans nouvelles, alors tu as su qu'il s'agissait de ma première victime.

Santini était à l'entrée de la passerelle, détendu, souriant ; il portait une arme.

La jeune femme restait en dehors de la scène, le cerveau bloqué. Qu'est-ce qu'on jouait ici ? Rien. Comme si son cerveau refusait les informations ou qu'il ne soit capable de les gérer. Il y avait quelque chose de subtilement modifié dans la voix et dans l'allure du commissaire, comme un regain de personnalité, de volonté. Il était à la fois lui-même et un autre. Ansideo prit la parole :

— Madame la juge, je vous présente mon inénarrable cousin, fils légitime du ô combien fils légitime de Ghjacumu Rocca. Celui qui ne cessa de nourrir contre mon frère et moi une haine mortelle qu'on lui avait fait sucer avec le lait de son enfance. Une aversion qui s'exprimait dans quantité de jeux cruels exercés à nos dépens jusqu'à ce jour qui me vit passer la nuit dans ces lieux mêmes. Le jeu fut si grave, si violent qu'Antoine et Jules furent écartés et sévèrement punis, car ce qu'ils avaient fait dépasse ce qu'on vous a raconté, mais ils n'avaient montré là que les premiers symptômes d'une belle nature qui ne demandait qu'à s'épanouir. On étouffa l'affaire, j'ai subi tant d'opérations à la suite de cette nuit-là que… tant que son père fut vivant, Antoine ne put revenir en Corse. Par ailleurs, Jules et lui s'étaient acquis une telle réputation que, quand il revint finalement après avoir fait l'école de police, il prit le nom de sa mère et son second prénom afin de permettre à ses commensaux d'oublier ses frasques passées. Ce prénom était si particulier qu'il focalisa l'attention et effaça la mémoire de l'autre. Depuis ce jour lointain dans les caves, nous ne nous étions jamais revus. Il m'a fallu du temps pour comprendre. Comprendre que la donation de cette maison par Maria avait été pour lui l'insulte suprême, comprendre que les peines et les ressentiments des pères se transmettent si solidement aux enfants qu'ils peuvent finir par en faire des meurtriers. Comprendre aussi que ce qu'il accomplissait enfant n'était que la première manifestation d'une psychopathie naissante. Jules n'était que bête. Lui était l'âme et la tête. Lui était intelligent et totalement détaché de tout affect, de toute capacité émotive réelle. La seule chose que je n'ai pas comprise, cependant, c'est le rituel qu'il avait mis en place. J'ai eu beau chercher, accumuler les livres, les notes, je n'ai rien trouvé.

Raffaëla se mordit les lèvres, voilà pourquoi elle avait trouvé ses livres annotés ! Il avait trouvé le coupable bien avant elle et avait cherché bien mieux qu'elle. Quel gâchis ! Elle était passée tellement vite aux conclusions !

— Tu aurais dû mieux qu'un autre, pourtant, voir ce que je voulais… commença Santini. Toi qui aimais tant la mythologie, ces récits qu'on lisait autrefois. Le héros Hercule, confié par ses parents à d'autres mains attentives… Ce héros pris de folie, qui tua sa femme et ses enfants, mais qui ne resta dans la mémoire des gens que pour les exploits accomplis : le « *Lion de Némée* » duquel il prit la peau, l'« *Hydre de Lerne* » qui répandait le crime sur le monde et qui fut punie par la décapitation et la cautérisation de ses têtes à la flamme : rien qu'un bon chalumeau ne puisse de nos jours résoudre… C'est vrai qu'avec la traduction de *L'Odyssée*, vous avez dû vous perdre un peu… J'ai tant aimé vous voir vous surmener. En fait, j'étais incapable de choisir entre ces deux mythes, je me sentais incarné un peu dans les deux.

— Pourquoi avoir commencé par mon frère ?

— Tu vas rire ! J'ai pensé que c'était toi. Du reste, il y a quelque chose dans vos rapports qui… quelque chose qui m'échappe encore… C'était toi que je haïssais le plus, le brillant écrivain, la coqueluche des dames, celui qui avait fait fonds de commerce de la souffrance et de quelques thèses ésotériques pour midinettes en mal de sensations. Cependant, tu ressembles aussi peu à ton personnage public qu'il est possible… Il y a là un mystère que je voudrais éclaircir, Graza ! Car c'est toi qui es Graza, n'est-ce pas ?

— Je suis Ansideo, je n'ai jamais été que moi ! Mais, tu as raison ! Moi, ce n'est rien, je ne faisais qu'écrire ! Je donne naissance à des personnages qui sortent au grand jour. Mais moi, je suis l'homme des zones obombrées, j'écris, c'est tout ! C'est mon frère… Enfin, c'était mon frère qui assumait la part publique de notre… contrat. Il était ce qu'on attendait d'un écrivain en représentation. Moi, je ne sais même pas ouvrir la bouche quand quelqu'un m'écoute. C'est amusant, vois-tu. Mon épouse m'a quitté pour lui. Elle disait que lui était vrai, que moi, j'étais une imposture, mais… *lui* l'a tuée. On ne sait jamais ce qui est bon pour nous.

Tandis qu'il parlait, il avait décroché discrètement le bras de Raffaëla, lui rendant sa liberté. Elle était confondue, se rendant compte à quel point elle avait été stupide. Constatant cruellement que, si elle avait parlé, elle aurait pu dissiper ce malaise. Mais les soupçons avaient été les plus forts et c'est au meurtrier qu'elle s'était confiée. Elle avait fait fausse route sur toute la ligne ; la plus coupable, indéniablement, c'était elle. La tête lui tournait de toutes les idées qui s'y heurtaient. Le commissaire opta pour prendre appui sur la fragile passerelle.

— À ta place, je ne ferais pas cela ! dit Ansideo, le menaçant de son arme.

— Encore faut-il que tu sois capable de tuer de sang-froid ! Je ne suis pas sûr que cela soit le cas ! Tu n'aurais pas dû venir ici ! Mais je connais la raison pour laquelle tu as fait cela, c'est pour elle.

— Elle ne m'aurait jamais cru, j'aurais pu dire ce que j'aurais voulu, elle ne m'aurait jamais cru ! Tu avais fait en sorte de faire converger tous les soupçons vers moi ! Il fallait que tu te découvres, il fallait que j'obtienne de toi des aveux !

— Décidément, mon pauvre ami, tu n'auras jamais de chance avec les femmes ! Il y a des hommes comme ça dont c'est le lot ! Tu vois, lorsque je suis allé chercher ton frère à l'aéroport, j'ignorais que tu te trouvais déjà dans la maison et j'ignorais qu'il était Graza. Je n'étais pas au courant de votre petit coup du dédoublement, je pensais que lui, c'était toi ! Je l'avais eu la veille au téléphone, il pensait qu'il devait venir signer les derniers actes chez le notaire. Il ne s'est douté de rien, il m'a fait confiance. Quand j'ai découvert ton aventure avec celle-ci — il montra la juge —, j'étais ravi de ce cadeau du Ciel. J'allais pouvoir me venger des deux à la fois. Nous avions un petit arriéré.

— Que vas-tu faire maintenant ?

— Que veux-tu que je fasse ? Dans un accès de désespoir, tu vas tuer la juge, tu vas te pendre et, manque de chance, j'arriverai trop tard. De peu, j'aurai entendu le coup de feu mais j'avais peur de m'engager sur ce périlleux chemin... Ce genre de scénario, une variante, peu importe puisque, de toute façon, c'est moi qui raconte l'histoire ! C'est désolant ! J'imagine déjà les titres des journaux ! Coupables égarements d'un juge d'instruction qui s'éprend d'un serial...

Pendant qu'il parlait, il avait traversé la passerelle et les deux hommes se faisaient à présent face, armés tous les deux. Santini jugea son adversaire en rivant son regard dans le sien. Puis d'un mouvement brusque et inattendu, il se jeta sur Raffaëla, qu'il maintint brutalement par un bras passé autour de son cou tandis que son arme visait sa tête.

— Pose ton arme, jette-la ou je la tue en premier !

Ansideo était très près du bord et le fléchissement très marqué du plancher indiquait clairement le risque qu'il prenait. Il portait à ce moment-là un pantalon noir en dessous d'un long manteau noir. On le distinguait mal dans cette semi-obscurité. Il hésita et puis on vit jaillir de sa main l'éclair blanc du revolver que l'on entendit tomber à l'étage inférieur. Le plancher craqua sinistrement. Le commissaire eut un sourire métallique.

— Eh bien, voilà ! Tu as trouvé tout ce que tu vas faire ! Alors, maintenant, fais-moi plaisir, un petit pas de plus ! Saute ! Saute ou bien… je la tue.

— Ne bouge pas ! Ne bouge pas, je t'en prie, hurlait la femme. C'est de ma faute si nous sommes là. Si je t'avais cru, rien ne serait arrivé. Tu n'as pas…

Santini était manifestement excédé. Il lui asséna un violent coup de crosse sur la tempe et rejeta au sol le corps effondré puis, dans le même mouvement, il tira en direction de la silhouette noire. Mais c'était déjà trop tard, l'homme avait sauté directement dans le vide. Il vit alors, accrochée aux murs, la solide corde que l'autre s'était enroulée autour de la taille. Il l'entendit clairement prendre pied à l'étage inférieur, mais il ne parvenait pas à le voir, car Ansideo se cachait en dessous, à la recherche de son arme. Se retournant, il courut vers la passerelle, mais il ne parvint pas en son milieu avant que celle-ci ne s'effondrât dans un bruit de tonnerre. Le commissaire tomba dans un torrent de débris sur le plancher déjà malmené de la chambre du premier étage. Puis, lentement, celui-ci sembla s'incurver pour le recevoir : il y eut un long gémissement, une plainte du bois qui se fend et un second éboulement. L'immeuble cédait sous le poids de l'homme, qui s'effondra encore dans les décombres et les plâtras, bien plus bas. Ansideo, sain et sauf, était déjà dans l'escalier.

XVIII

Les secours, ayant dû venir de Sartène, furent prompts à arriver. La juge, qui avait repris conscience, les attendait en tremblant, accroupie le long du mur d'épouvante. L'écrivain avait ficelé le commissaire qui était encore vivant, très mal en point, mais vivant, ayant même repris connaissance et qui le fixait d'un regard où la haine coulait comme l'eau d'une fontaine. Les pompiers déployèrent leur échelle et la jeune femme fut délivrée. On la transporta à l'hôpital tandis que le véhicule dans lequel Santini avait été placé suivait. Ansideo fit une longue déposition dans laquelle il raconta tout ce qu'il avait compris, mais d'où il évacua, autant qu'il put, ce qui était lié à la juge. Il lui fit même la part belle. C'était elle, selon lui, qui avait voulu cette confrontation sans laquelle

Santini ne se serait jamais découvert. Une véritable héroïne !

La perquisition menée au domicile du commissaire permit de retrouver, soigneusement conservées au congélateur, les pièces manquantes des cadavres. La nouvelle de sa culpabilité et des motifs qui l'avaient poussé créèrent un séisme dans la population pour laquelle il était un visage on ne peut plus familier.

Ansideo put donner une sépulture chrétienne à son frère, qu'il choisit d'enterrer dans le caveau familial de Quenza, bien que la décision allât si peu de soi qu'il ne voulait pas que les mêmes dispositions soient prises pour lui. Il pensait que son frère l'avait mérité. Il n'osait se l'avouer, mais, dans la mesure où il avait décidé de s'installer dans le village, il voulait garder son jumeau près de lui. Hébété par la brutalité des événements récents, il n'était pas encore parvenu à réaliser la perte de son double. La nouvelle n'avait pas encore fait son chemin en lui et, même quand il se tint devant la tombe à la fin de la cérémonie religieuse, l'idée que son frère se trouvât couché là, derrière, n'arrivait pas à faire sens. Depuis qu'ils étaient au monde, Graza s'était interposé entre l'humanité et lui ! Ansideo était celui qui créait, l'autre celui qui vendait : il pouvait se cacher dans sa niche tandis que son jumeau s'exposait. Le trou béant qu'il avait au flanc lui faisait si mal qu'il était comme insensibilisé, gourd, sourd au monde comme à lui-même. L'absence de Graza n'était pas encore une réalité ; de toute façon, il ne voulait pas y penser, il ne voulait pas penser à cette forme qu'il imaginait que trop bien, pendue après les structures métalliques, qui aurait pu être lui, qui n'était pas lui, du moins pas au sens où on l'entendait habituellement.

Mais qui était, peut-être, la meilleure partie de lui-même.

Dans son univers chahuté, l'autre facteur de déroute auquel il refusait de penser avait le nom et le visage de Raffaëla. Jamais, il n'aurait pu s'imaginer qu'elle manquait de confiance en lui au point de l'avoir trahi à une telle vitesse et sur la base de présomptions selon lui aussi peu démontrées. Il en restait abasourdi, bien incapable de sentiments cohérents. Il s'était laissé gagner par un sentiment naissant qui l'avait déçu de la pire des façons. Il lui avait ouvert son cœur et sa maison. Il avait un goût de cendre permanent dans la bouche. Il décida d'aller la voir à l'hôpital où elle se trouvait encore en raison du traumatisme crânien sévère qu'elle avait subi.

Il régnait dans les lieux la même odeur de désinfectant, de fatalité et de douleur que dans tous les établissements du même type dans le monde. On lui indiqua la chambre et l'étage et, dans l'ascenseur encore, il se demanda si c'était une bonne idée d'aller la revoir.

Elle était allongée, une partie du visage bandée. Cette vision, qui aurait dû l'adoucir, se traduisit par son contraire. Sans son stupide acharnement, elle ne se serait jamais retrouvée dans cet état, elle n'avait à s'en prendre qu'à elle. Elle avait tourné la tête à son entrée et il lui sembla qu'elle rougissait.

— Bonjour, dit-il.

Elle fit un signe de tête.

— Tu vas mieux ?

— Et toi ?

Il n'avait pas envie de répondre, c'était de sa faute à elle.

— Je sais que je te dois des excuses, bredouilla-t-elle, que je t'ai fait beaucoup de mal, plus de mal que n'importe qui ne peut en endurer, que tu ne le méritais pas... Je n'ai rien pour me justifier, rien pour... Je suis désolée ! Est-ce que tu penses que tu peux me pardonner ? Cette enquête était si… dure…

Il la regarda longuement, n'aurait sincèrement pu dire ni oui ni non ! C'était trop tôt, il n'était pas encore lui-même ! Il n'était pas venu pour cela, il était venu pour savoir si, au fond de lui, quelque chose vibrait en la voyant et il souffrait trop pour le savoir ! Beaucoup trop !

— Comment se fait-il que la passerelle se soit effondrée ?

— Quelques coups de masse bien placés avant qu'il n'arrive quand je t'ai laissée seule. J'avais trouvé le repère en le suivant, il y a quelques jours. Son père était profondément instable et ne s'était jamais remis de ce frère marocain qu'il ne pouvait supporter. Il avait espéré trouver auprès de sa mère l'amour exclusif qu'il réclamait ; toutefois, elle n'a pu le lui donner, elle éprouvait une véritable affection pour les nôtres… Jeune, c'était une femme fragile. Pour son père, quand à son tour il a eu un enfant, il l'a voulu plus endurci, plus viril que les autres et aucune rudesse ne le faisait reculer : Brandiziu était souvent battu, ne devait montrer aucune faiblesse… Il était cruel parce qu'il n'a connu que la barbarie… Je n'excuse rien, mais le coupable de tout ceci est mort depuis longtemps…

Le silence s'imposa.

— Qu'allons-nous faire tous les deux ? demanda-t-elle.

— Il est bien trop tôt pour le dire !

Il ne voulait pas la regarder, il répéta :

— Je ne sais pas !

Il quitta la pièce sans se retourner. Elle pleurait à larmes chaudes et silencieuses.

Il avait regagné la maison en pleine confusion et, comme d'habitude, elle montrait avec lui une curieuse symbiose, car le courant ne fonctionnait que de façon hiératique, sporadique, par succession de soubresauts qui faisaient alterner les grésillements, les flashes d'une lumière diabolique et les baisses de tension. Dieu merci ! Il n'avait aucune machine électronique branchée. C'était sûrement un faux contact, une phase défaillante, ce genre de choses… Il n'y connaissait rien, se raccrochait à son peu de certitudes en ce domaine. Il vit que le lustre qui lui avait déjà donné bien du souci oscillait dangereusement. Montant sur l'escabeau, il constata que l'attache était vraiment bien descellée cette fois et que les fils dénudés retenaient seuls la structure. Il disjoncta les installations, alluma les bougies et entreprit de démonter l'ensemble. Mais il n'eut pas à fournir beaucoup d'effort: une partie du plafond, celle qui soutenait le luminaire, lui tomba sur la tête. Ahuri, sans blessure, mais très surpris, il leva la tête une fois que la poussière se fût dissipée et trouva, au-dessus de son visage blanchi de poussière et de chaux, une cavité inconnue. Avec un soupçon d'appréhension, il passa sa main, le trou n'était ni vaste ni profond, mais assez pour avoir recueilli un coffret d'étain, fermé à clef, portant une jolie petite poignée ouvragée qui se distinguait sur le métal un peu noirci.

Il s'en saisit, le descendit, le posa soigneusement sur la table puis il entreprit méthodiquement de faire disparaître les traces du carnage. Il alla entreposer le lustre dans une remise, se changea, se brossa les cheveux puis, avec calme, reprit la boîte.

Lorsque le notaire lui avait indiqué la maison, il lui avait aussi remis un trousseau, dont il avait détaché les clés qui ouvraient l'entrée principale. Il en était resté deux dont il n'avait su découvrir l'usage. Il les retrouva facilement et, de fait, la plus petite des deux s'insérait parfaitement dans la serrure.

Son cœur battit un peu plus fort quand il souleva le couvercle.

À l'intérieur, il trouva un carnet de moleskine dont les pages ocre étaient couvertes d'une écriture serrée, tracée à la mine de plomb. En dessous, des actes d'état civil, une médaille avec son ruban fané, une main de fatma en or et une photo de femme, très jaunie.

Il installa le tout sur une nappe blanche et ouvrit le carnet à sa première page.

L'écriture était drue et serrée, le carnet mince ; parfois, le trait était effacé. Il s'agissait d'un journal de bord.

7 septembre 1946

Bien que j'aie reçu mon ordre de démobilisation, j'ai décidé de ne pas rentrer en Corse tout de suite. Je n'ai pas oublié la promesse que j'ai faite à Mouloud, mais je n'ai pas encore la somme nécessaire pour faire le voyage. Mon camarade Jeannot m'a proposé de m'héberger à Paris où je vais travailler quelque temps pour son oncle qui a un restaurant. Il me manque peu d'argent, je n'aurai pas longtemps à attendre.

25 décembre 1946

C'est le troisième Noël que je fête loin de chez moi, la tristesse par moments m'accable. La guerre est finie, mais les temps sont durs. Nous ne sommes rien, nous qui avons sauvé la France ; et ceux qui sont restés en arrière, qui ont assuré leur fortune, font la loi ici. Par instants, je me décourage, je ne sais plus quel but je poursuis…

14 février 1947

J'ai pris le bateau à Bordeaux vers Rabat, et, de là, je me suis dirigé vers Khénifra : la famille de Mouloud y réside, je lui ai écrit, et je pense qu'elle m'attend. Le bus est affreux, on s'y empile d'une façon invraisemblable, et souvent je vais à pied… J'ai promis… qui se soucie de ceux qui sont morts à la guerre ?

18 février 1947

Les membres de la famille m'ont accueilli comme si je faisais partie des leurs. La mère vit seule avec sa fille. Celle-ci fait ce qu'elle peut, mais les terres sont à l'abandon, la croûte du sol est dure comme de la pierre, et ce ne sont pas les quelques brebis qui peuvent les sauver du dénuement. Khadîdja est très belle. Bien plus que son frère ne me l'avait décrite. Et même peut-être encore plus que cela. Elle parle un français chantant, mais même dans sa langue, elle parle peu. On la sent habituée du malheur. La mère ne peut se lever, restant à la charge de sa fille qui n'en peut plus. Je m'attendais au pire. Mais le pire est encore au-delà. La guerre est une forme de misère. C'est une misère brutale, absurde, inhumaine. Ici, le malheur et désespérant, morne, constant, le malheur, c'est le compagnon le plus fidèle de tous. Je suis sûr qu'on ne meurt pas moins ici qu'ailleurs, mais ici la mort fait moins de bruit. Je fais ce que je peux pour soulager leur détresse. Vraiment ce que je peux ! Tout est si dur ici, à l'image de cette terre, aride, pelée, comme si tout était mort.

20 février 1947
Je ne suis pas fait pour cette vie, je ne peux pas rester ici, je veux rentrer chez moi, j'aime Khadîdja.

24 février 1947
Radia la mère va mourir. Cela ne fait aucun doute maintenant. Elle n'est pas malade. Elle n'a

simplement plus envie de vivre. Depuis que je suis arrivé, elle a remis le destin de Khadîdja entre mes mains. Elle m'a passé le relais en quelque sorte. Elle pense qu'elle peut partir tranquille. J'aime Khadîdja, mais j'ai donné ma parole à Maria avant de partir, et je ne pourrais rentrer chez moi sans l'accomplir. Je ne peux pas vivre loin de la Corse.

1er mars 1947
Nous avons enterré Radia ce matin.
Je suis perdu.

17 mars 1947
Cela fait à peine un mois que je suis là, et ma vie a changé plus profondément même que pendant la guerre. J'avais promis à Mouloud de m'occuper de sa mère et de sa sœur, et je fais tout ce qui est en mon possible. Mais je ne peux pas revenir en Corse avec Khadîdja. Tous là-bas ont aussi beaucoup souffert, et ma terre m'attend. Ici, ce n'est pas chez moi, durant toute cette traversée, où malgré tout ce que j'ai vécu, je suis parvenu à rester vivant, je n'ai jamais eu aussi mal qu'en ce moment.

21 mars 1947

On a jeté des pierres à Khadîdja dans son village, parce qu'elle vivait avec moi. Elle ne trouvera jamais de mari. À vouloir faire le bien… nous allons partir nous installer à Casablanca. Là-bas, je verrai.

3 septembre 1947

Cette nuit, à 4 h du matin, mon fils est né. Je n'ai pas pu faire venir le médecin. Ma femme va mal. Et la ville est pleine de gens comme moi, à bout de ressources. La communauté corse nous a beaucoup aidés. Je ne peux rien attendre de plus.

2 novembre 1947

Si Maria veut encore de moi, si elle accepte d'élever cet enfant, je l'épouserai en rentrant.

Sur la nappe, se trouvaient encore une Croix de guerre, un acte de naissance au nom de Ghjacumu Rachid ben Hadj Moha, né de Khadîdja ben Hadj Moha et de père inconnu, ainsi qu'un acte de décès au nom de Khadîdja.

Il y avait la photo d'un couple dont l'homme paraissait triste et préoccupé ; la femme à ses côtés, vêtue d'un costume berbère, était d'une éclatante beauté. De haute taille, les traits d'une pureté princière, elle semblait détailler son petit-fils de son regard surgi du passé. Sur une feuille de papier craquante de vieillesse se trouvait un mot : « *Pardon !* »

La dernière liasse, plus récente, était une minute de procès accompagnée d'un acte notarié : il s'agissait de l'acte de reconnaissance officielle de Ghjacumu comme fils et héritier Rocca légitime demandé par son père. La date était antérieure de trois ans à la date de décès du vieux soldat. Il avait fini par le faire.

Devant ces reliques du passé, Ansideo pleurait.

Le lendemain et après avoir longuement réfléchi, il envoya les papiers à son avocat pour demander la régularisation *post mortem* de l'état civil de son frère. Quand ce serait fait, il ferait graver ce nom sur la pierre tombale du village, Graza Rocca ben Hadj Moha. Il l'avait mérité. Il insista aussi pour qu'on ne change rien pour lui. Il avait fait son nom tout seul. Il lui convenait très bien. Quelque part, il en voulait à cet aïeul d'avoir mis tant de temps à effectuer cette reconnaissance.

Pourtant, il décida de s'installer définitivement dans la maison de Quenza.

Dans la vaste salle sombre et froide du musée de Sartène, l'éclairage n'avait pas encore été activé. Les couloirs neufs, les salles d'exposition laissaient passer un courant froid, il y avait comme une atmosphère démoniaque en ce lieu à cette heure-là.

Les faunes avaient regagné leur lieu de résidence, chacun sur son socle, aussi à leur place dans cet univers sombre qu'ils l'avaient été au château. S'étaient-ils regardés ?

En tout cas, les six faunes, ici assis, souriaient…

Table des matières

I – Au château 11
II – Décembre 1943 41
III – 1944 67
IV – 13 mai 1945 95
V 135
VI 159
VII 183
VIII 193
IX 209
X 231
XI 243
XII 251
XIII 259
XIV 267
XV 285
XVI 293
XVII 311
XVIII 331

DU MÊME AUTEUR

Série « Pierucci »
Le destin ne s'en mêle pas
Comme une absence de lumière
Le tueur de douleur
L'enfant
L'obscure patience de la cellule
Le trou dans le vent
Le diable est un ange comme les autres
La persévérance du jardinier
Le chemin lent et sinueux des larmes d'Annah
La valse lente des morts et des vivants

Série Garofaro
Mensonges
Une créature si bestiale et qui me veut

Roman
L'encens des foules asservies
Philosophie amoureuse d'une carpe empaillée

Thrillers
Sniper's blues
Les Enfants de Montecassino
Comment j'ai tué le Vieux
La honte en héritage

Nouvelles, chroniques
Un Goût amer et sucré comme le silence,
Boire les nuages dans une tasse de porcelaine
Au jour le jour

Anticipation
Chroniques des dômes
Chroniques de l'ère du serpent

Beaux Livres, textes et poésie
Avec Claude Magni, photographies: Magnificat et Gloria
Avec Olivier Rochette, photographies : Corsica Libera nos
Avec François Balestriere, photographies : Une fenêtre sur la Corse, Ombres et Lumières, Corsica sicut in terra, Bonifacio Sanctificetur, La Corse vue des cieux.

Beaux Livres, encres et illustrations
Avec Jacques Renucci : Memorial
Avec Jacques Fusina : Incontru

Cuisine
La promenade gastronomique de Pierucci en Méditerranée

Enfants
Comment s'appelle t'il ? Quel est son cri ?

Cet ouvrage a été imprimé en France par Présence Graphique- Monts
pour le compte des Éditions Clémentine
Dépôt légal BN : Juillet 2017
ISBN : 978-2-37012-086-1
Photo Couverture : François Balestriere
Mise en page : Lemuri Concept
Graphisme Couverture : Fizzid SL
Gestion du dossier et finalisation du livre : Fizzid SL
Éditions Clémentine Route de Muratello,
20 137 Porto-Vecchio
Tél. : +33 (0) 495 255 867 Fax : +33 (0) 495 705 599
www.editionsclementine.com
contact@editionsclementine.com